POUND FOR POUND

CHAMADOS PARA DAR FRUTOS

POUND FOR POUND

CHAMADOS PARA DAR FRUTOS

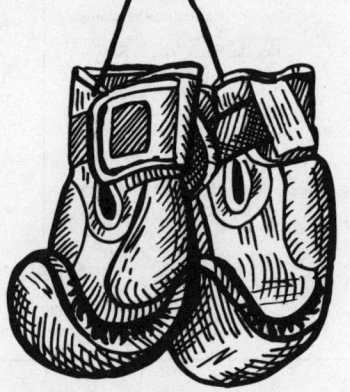

MIKE KAI

Editora Quatro Ventos
Avenida Pirajussara, 5171
(11) 99232-4832

Diretor executivo: André Cerqueira
Editora-chefe: Sarah Lucchini
Gestora de Projetos: Acsa Q. Gomes

Tradução: Paulo Peres

Supervisão Editorial:
Mara Eduarda Garro
Marcella Passos
Natália Ramos Martim

Equipe Editorial:
Ana Paula Gomes Cardim
Anna Padilha
Gabriella Cordeiro de Moraes
Giovana Mattoso
Lucas Benedito
Milena Castro
Nadyne Campinas
Rafaela Beatriz Santos

Revisão: Eliane Viza B. Barreto

Equipe de Projetos:
Letícia Souza
Nathalia Bastos
Witalo Silva

Coordenação do projeto gráfico: Ariela Lira
Diagramação: Suzy Mendes
Capa: Vinícius Lira

Todos os direitos deste livro são reservados pela Editora Quatro Ventos.

Proibida a reprodução por quaisquer meios, salvo em breves citações, com indicação da fonte.

Todas as citações bíblicas e de terceiros foram adaptadas segundo o Acordo Ortográfico da Língua Portuguesa, assinado em 1990, em vigor desde janeiro de 2009.

Todo o conteúdo aqui publicado é de inteira responsabilidade do autor.

Todas as citações bíblicas foram extraídas da Nova Almeida Atualizada, salvo indicação em contrário.

Citações extraídas do site *https://www.bibliaonline.com.br/naa*. Acesso em setembro de 2022.

Publicado em inglês por Authentic Publishers, Bletchley, Milton Keynes.

Título em inglês: The Pound for Pound Principle – Kai, Michael K.

Copyright © 2013 da Authentic Publishers.

Direitos cedidos pela Authentic Publishers à Editora Quatro Ventos.

1ª Edição: dezembro 2022

Catalogação na publicação
Elaborada por Bibliotecária Janaina Ramos – CRB-8/9166

K13

Kai, Mike

Pound for pound: chamados para dar frutos / Mike Kai; Paulo Peres (Tradução). – São Paulo: Quatro Ventos, 2022.

Título original: The pound for pound principle: becoming all you were destined to be.

328 p.; 16 X 23 cm

ISBN 978-65-89806-50-9

1. Princípios. 2. Cristianismo. I. Kai, Mike. II. Peres, Paulo (Tradução). III. Título.

CDD 200.1

Índice para catálogo sistemático
I. Princípios

SUMÁRIO

PREFÁCIO 13

INTRODUÇÃO 15

A PARÁBOLA DOS TALENTOS (MATEUS 25.14-30) 19

1 Azarão: fazendo o melhor com o que recebemos 23

2 Alegria: encontrando-a em nosso valor 45

3 "Quem está ao meu lado?": confiando em pessoas-chave para seguir em frente 63

4 A formação de um boxeador profissional: as primeiras lições de fidelidade 81

5 Aumentando o peso: desenvolvendo sua capacidade dada por Deus 105

6 Deixando o ringue: dizendo *aloha* ao que é confortável 121

7 Isso é menor do que você imagina: encarando desafios com uma nova perspectiva 149

8 A cultura dos adversários: consequência de negligência ou propósito? 163

9 Você tem o que precisa: definindo sua realidade atual 181

10 A arte de iniciar: começos pequenos e humildes 197

11 Equipar pessoas: administrando bem o que lhe foi confiado 213

12 Trabalhadores híbridos: seja sua melhor versão 227

13 Pode vir: traga sua contribuição para a luta 245

14 *Momentum*: a onda que você estava esperando 259

15 A luta de nossas vidas: quanto maior o estresse, maior a capacidade 267

16 O melhor ainda está por vir: sempre contente, mas nunca complacente 285

EPÍLOGO 307

REFERÊNCIAS BIBLIOGRÁFICAS 311

ENDOSSOS

"Mike Kai revela a surpreendente verdade de que nossas forças e talentos não são meramente finitos, mas multiplicáveis e, portanto, ilimitados em alcance e potencial. Sua apresentação é fascinante e informativa. E não para por aí. *Pound for pound* é um livro tão bom que, durante a leitura, é possível se esquecer de que o mundo está em constante mudança."

Miles McPherson
Pastor sênior, Rock Church, San Diego, Estados Unidos

"O testemunho de Mike sobre se tornar um cara de cinco talentos (cf. Mateus 25.14-30) conquistou meu coração. Este livro inspirará você a usar ao máximo o que Deus lhe deu. Você será abençoado e desejará compartilhar os princípios desta obra com familiares e amigos."

Wayne Cordeiro
Pastor sênior e fundador, New Hope Christian Fellowship, Havaí, Estados Unidos

"Mike Kai tem um coração voltado a Deus e às pessoas. Toda vez que tenho contato com ele, seja pessoalmente, por telefone ou email, meu amor pelo Criador e por Sua criação aumenta. Fui desafiado por sua ampla visão a resgatar um mundo perdido. Fiquei admirado por sua fé em Deus para fazer o que, aos olhos humanos, parece impossível. Fui inspirado por sua proclamação ousada do Evangelho, e tenho sido encorajado por sua fome pela Palavra. Se você também anseia as Escrituras e quer amadurecer, aumentar sua visão, expandir sua fé e proclamar as Boas Novas com ousadia, leia este livro. Deus presenteou Mike com discernimento espiritual, e esse discernimento preenche estas páginas. Você ficará feliz por ter lido esta obra!"

Don Cousins
Palestrante, autor e consultor

"Até que enfim! Esperança para nós, pessoas comuns. Você dirá: *'Uau.* Que cara, que histórias! Consigo me identificar totalmente com ele'. Por trás do incrível testemunho da Hope Chapel West O'ahu, há um princípio que Mike não nos deixará esquecer. Não se trata do nosso chamado ou do quão especiais sejamos, mas do que escolhemos fazer com o que temos. Mike tem se doado muito, e ele o inspirará a fazer o mesmo."

Daniel A. Brown
PhD, Commended to The Word

"Sendo o 'azarão' desde sempre, Mike aprendeu a multiplicar seus talentos. Felizmente, sua capacidade de lidar com as matérias-primas da vida agora resulta em uma igreja grande, com um crescimento rápido, e várias congregações emergindo de apenas um punhado de pessoas que ele começou a pastorear há uma década. Este livro o preencherá espiritualmente, e o desafiará a reavaliar o uso dos talentos que nosso Mestre lhe confiou."

Ralph Moore
Pastor fundador, Hope Chapel Kaneohe Bay,
Havaí, Estados Unidos

"A Bíblia é clara: o que importa não é o quanto recebemos, mas o quanto iremos maximizar essa quantia. É mais sobre proporção do que porção. Mike Kai, com sua igreja vibrante, Hope Chapel West O'ahu, têm sido exemplo do favor único de Deus, pois eles vivem essa verdade. Este livro irá equipar e inspirar líderes e crentes a desencadearem um impulso inédito para um salto em direção ao seu próximo nível. Prepare-se para viver em um novo normal."

Norman Nakanishi
Pastor sênior, Grace Bible Church Pearlside,
Havaí, Estados Unidos

"O pastor Mike Kai é, atualmente, um dos líderes cristãos mais influentes e dinâmicos do mundo. Para ele, nenhum desafio da vida é muito difícil ou impossível. Mike sempre tem uma ideia que está fora dos parâmetros normais e da maneira típica de se conduzir um ministério. Conectado com muitos líderes talentosos e produtivos, Mike prova os princípios da multiplicação do tempo, habilidades e recursos que Deus nos dá. Este livro o motivará a sempre acreditar que recebemos tudo o que precisamos para produzir mais frutos para o Senhor da colheita. 'Ora, àquele que é poderoso para fazer infinitamente mais do que tudo o que pedimos ou pensamos, conforme o seu poder que opera em nós' (Efésios 3.20)."

Dr. Jerry Stott
South Pacific Foursquare Mission International

"É uma grande alegria apoiar Mike Kai. Nesta vida existem seguidores de caminhos e existem desbravadores, e Mike é, sem dúvidas, um desbravador! Seu carisma só é superado por seu caráter impecável. Qualquer material criado por ele não será apenas inspiração, mas também servirá como equipamento para avançar. Na minha opinião, Mike definitivamente está no 1% dos líderes mais influentes dos Estados Unidos hoje. Sua autoridade não é apenas local, mas global. Certamente você será abençoado e encorajado pelo *Pound for pound*."

Roger Archer
Pastor sênior, Foursquare Church Puyallup,
Washington, Estados Unidos

DEDICATÓRIA

Para meu Senhor e Salvador, Jesus Cristo.
Obrigado por tudo o que fez e continua a fazer em minha vida.
Eu estaria perdido sem o Senhor. Literalmente.

Para minhas filhas, Courtney, Rebekah-Taylor e Charis.
Que vocês possam alegrar o coração de Deus e fazê-lO sorrir.
Lembrem-se de sonhar alto, mirando as estrelas, e, caso não as acertem, alcançarão a Lua.

Para todo aquele que já se sentiu como um azarão.
Que você prevaleça sob as circunstâncias e seja tudo o que o Senhor o chamou para ser.
Você é minha inspiração.

E, por fim… à minha esposa, Lisa.
Você é tudo o que eu sonhei e pedi em oração.
Tenho orgulho de ser "o marido da Lisa Kai".

PREFÁCIO

O livro que você tem em suas mãos agora vem do coração de um homem que multiplicou tudo aquilo que lhe foi dado. Tive a honra de falar a respeito de Mike Kai em muitas ocasiões. Ele é um amigo querido e um homem forte de Deus. Seu compromisso em fazer o melhor com aquilo que recebe resulta em multidões de vidas transformadas à medida que pastoreia uma das igrejas mais influentes da nossa nação (EUA). Acredito que *Pound for pound* foi inspirado pelo Espírito Santo, para capacitar você a ser um bom mordomo do Evangelho de Cristo.

Grande parte deste livro evidencia o testemunho pessoal de Mike. Ele era um menino "comum" de uma pequena cidade havaiana — um azarão, segundo ele — que se especializou em conquistar seus sonhos de forma discreta. Mike nunca permitiu que dificuldades o dissuadissem de suas paixões, seja na arena atlética, em sua vida familiar ou ministerial. Ele não espera pelo "momento certo"; ele age pela fé. Sua história é poderosa porque reflete o Evangelho. Sua vida proclama que Deus interveio não apenas para salvar os homens, mas também para lhes dar uma vida melhor e mais abundante do que poderiam sonhar (cf. João 10.10).

Muitos hoje vivem sob a suposição de que a graça elimina automaticamente o esforço pessoal. Sabemos que somos salvos pela graça mediante a fé, e não por nossas obras (cf. Efésios 2.8-9), mas a Bíblia diz claramente que devemos nos empenhar e nos esforçar, segundo o poder de Cristo que opera poderosamente em nós (cf. Colossenses 1.29). É por meio da graça que nos movemos para ampliar nosso chamado e multiplicar os dons que nos são dados. Nossa participação no destino eterno, determinado para as nossas vidas, requer perseverança.

Mike testemunhou o que Paulo declarou à igreja de Corinto: Deus escolhe o que o mundo chama de louco ou fraco para envergonhar os sábios e as coisas fortes (cf. 1 Coríntios 1.27). Ao agir com perseverança, cada cristão pode antecipar com alegria o "bom trabalho" de um servo fiel, e receber a promessa de abundância no Reino de Deus. Essa postura ousada tem sido o fruto da vida de Mike e, conforme você avançar nesta leitura, ela também se tornará, pela santa e poderosa graça de Deus, a característica determinante da sua história. Agora, sente-se e desfrute as palavras poderosas desta mensagem inspiradora do meu querido amigo.

John Bevere
Autor e pregador
Cofundador da Messenger International

INTRODUÇÃO

Por trás de todo *Cinderella team*[1], existe um treinador dedicado, e jogadores dos quais não se espera muito, mas que trabalham duro com o que têm. Eu choro toda vez que assisto ao filme *Rudy*[2], a história real de um atleta do futebol universitário que lutou por anos para ganhar um lugar no time irlandês Notre Dame Fighting. Chorei em 1983, quando Julius Erving[3] — carinhosamente conhecido como Dr. J — ganhou o título do campeonato da NBA, que ele e seus companheiros de equipe tentavam conquistar há tempos, por conta de sua maneira de jogar.

Hoje, torço por pessoas como o decatleta Bryan Clay[4], que desafiam as probabilidades e os pessimistas. Embora muitos suponham que ele não seja suficientemente alto, rápido, ou seja lá mais o quê, Bryan deu o

---

[1] N. E.: nos esportes, os termos *Cinderella*, *Cinderella story* e *Cinderella team* são usados para se referir a situações em que os competidores alcançam um sucesso muito maior do que seria razoavelmente esperado.

[2] N. E.: filme esportivo biográfico americano de 1993, dirigido por David Anspaugh.

[3] N. E.: jogador de basquete universitário e profissional americano. Marcou a geração dos anos 1970 e 1980 com sua rapidez e saltos de balé em direção à cesta.

[4] N. E.: decatleta dos Estados Unidos; foi campeão olímpico e mundial.

seu melhor nas Olimpíadas em 2008 e impressionou as pessoas ao ganhar o ouro naquele ano. Antes de ele chegar ao palco do mundo, eu o pastoreava. Ele é a prova de que, nos esportes, no ministério e em outras áreas da vida, não importa o quão "grandes" ou talentosos possamos ser, o coração e o desejo — muitas vezes combinados com anos de treinamento e sacrifício — são o que trazem o tipo de sucesso com o qual sonhamos.

Como você pode notar, eu tenho certo apreço por histórias de superação — desde o conto de fadas da Cinderela, uma jovem que, da noite para o dia, vê sua humilhação transformada em sucesso e riquezas, até histórias reais de todos os tipos. Para mim, é impossível não me emocionar e ser inspirado por elas, e acredito que isso aconteça porque eu me vejo como uma espécie de versão masculina da Cinderela — um azarão.

O termo inglês *underdog* ("azarão" ou "coitado", em português) é usado frequentemente em desportos. Originou-se no século XIX, um tempo em que as lutas de cães eram tidas como um esporte nos Estados Unidos e na Grã-Bretanha. Naquela época, o cão vencedor era denominado *top dog*. Já o perdedor, que tipicamente ficava no chão durante a luta, era chamado *under dog*. O termo foi tão difundido no mundo da língua inglesa que se tornou uma única palavra.

Meu apreço por histórias de superação está relacionado à minha educação, estatura física na juventude e jornada como um pai solteiro em certo momento da minha vida. Obviamente, Deus tinha um plano perfeito. Mas como alguém poderia pensar que um moço de vinte e um anos, pai de uma filha de dois, divorciado — uma pessoa que já se sentiu abandonada, frustrada, com o coração partido e ideação suicida — se tornaria um pastor? E, ainda mais, que receberia alguns dos melhores treinamentos que um pastor poderia obter, deixaria um próspero ministério juvenil (contra sua vontade), e acabaria amando os adultos que passou a pastorear? Quem diria que esse mesmo pastor e sua esposa transformariam uma comunidade cristã de quarenta pessoas em uma organização multilocal com milhares de membros, plantariam igrejas e pregariam pelo mundo, sempre trazendo o Evangelho da esperança para aqueles que têm o coração partido, sentem-se abandonados, frustrados ou com pensamento suicida?

Este livro pode ser considerado uma autobiografia, uma história, um princípio, um testemunho e uma versão masculina do conto de fadas da Cinderela. A parábola dos talentos, encontrada no evangelho de Mateus (cf. Mateus 25.14-30), amarra todos os pontos nestas páginas. Há muito o que aprender com a história apresentada por Jesus sobre os três servos que receberam diferentes quantidades de talentos (dinheiro). Dois multiplicaram o que estava em suas mãos, enquanto o outro enterrou aquilo que lhe fora entregue. Esta obra é sobre fazer o que você pode com o que lhe foi dado, independentemente da quantidade.

Às vezes quando minha esposa, Lisa, e eu nos sentamos na primeira fileira da igreja, eu pego a mão dela e sussurro: "Você acredita, querida? Temos a honra de fazer isso para o Senhor! Quem imaginaria?". Ela sorri e diz: "Deus é tão bom". Então fecho meus olhos, e continuo a adorá-lO com as demais pessoas no templo. Claro que cometi erros ao longo do caminho. No entanto, o Senhor tem sido gracioso e me dado mais do que eu poderia esperar ou imaginar. E Ele continua a expressar Seu amor e derramar Suas bênçãos sobre indivíduos como você e eu!

O meu desejo é que você goste da história de um menino nascido em uma pequena cidade no Havaí, que, de alguma forma, tornou-se pastor de uma igreja influente. Oro para que, independentemente de quem seja, ou da profissão que exerça, você possa ser inspirado a pegar o que tem e usar isso da melhor maneira possível.

Afinal, nossa maior esperança é um dia ouvir a grande afirmação do Senhor, escrita em Mateus 25.21: "[...] Muito bem, servo bom e fiel; você foi fiel no pouco, sobre o muito o colocarei; venha participar da alegria do seu senhor".

A PARÁBOLA DOS TALENTOS
(MATEUS 25.14-30)

Pois será como um homem que, ausentando-se do país, chamou os seus servos e lhes confiou os seus bens. A um deu cinco talentos, a outro deu dois e a outro deu um, de acordo com a capacidade de cada um deles; e então partiu.

O servo que tinha recebido cinco talentos saiu imediatamente a negociar com eles e ganhou outros cinco. Do mesmo modo, o que tinha recebido dois ganhou outros dois. Mas o servo que tinha recebido um talento, saindo, fez um buraco na terra e escondeu o dinheiro do seu senhor.

Depois de muito tempo, o senhor daqueles servos voltou e fez um ajuste de contas com eles. Aproximando-se o que tinha recebido cinco talentos, entregou outros cinco, dizendo: "O senhor me confiou cinco talentos; eis aqui outros cinco que ganhei".

O senhor disse: "Muito bem, servo bom e fiel; você foi fiel no pouco, sobre o muito o colocarei; venha participar da alegria do seu senhor".

E, aproximando-se também o que tinha recebido dois talentos, disse: "O senhor me confiou dois talentos; eis aqui outros dois que ganhei".

Então o senhor disse: "Muito bem, servo bom e fiel; você foi fiel no pouco, sobre o muito o colocarei; venha participar da alegria do seu senhor".

Chegando, por fim, o que tinha recebido um talento, disse: "Sabendo que o senhor é um homem severo, que colhe onde não plantou e ajunta onde não espalhou, fiquei com medo e escondi o seu talento na terra; aqui está o que é seu".

Mas o senhor respondeu: "Servo mau e preguiçoso! Você sabia que eu colho onde não plantei e ajunto onde não espalhei? Então você devia ter entregado o meu dinheiro aos banqueiros, e eu, ao voltar, receberia com juros o que é meu. Portanto, tirem dele o talento e deem ao que tem dez. Porque a todo o que tem, mais será dado, e terá em abundância; mas ao que não tem, até o que tem lhe será tirado. Quanto ao servo inútil, lancem-no para fora, nas trevas. Ali haverá choro e ranger de dentes".

Capítulo 1
AZARÃO: FAZENDO O MELHOR COM O QUE RECEBEMOS

> *O senhor disse: "Muito bem, servo bom e fiel; você foi fiel no pouco, sobre o muito o colocarei; venha participar da alegria do seu senhor".* (Mateus 25.21)

Ainda sou apaixonado pelo meu primeiro amor. Meu pai nos apresentou quando eu era bem pequeno e nem andava. Ela sempre foi minha companheira em todos os momentos e, mesmo quando fiquei mais velho e não tínhamos tanto tempo para passar juntos, independentemente do que acontecesse, sempre nos reencontrávamos. Eu amava o fato de que podia levá-la para qualquer lugar e jamais perguntariam: "O que ela está fazendo aqui?". Na verdade, ainda que a questionassem, nunca obteriam uma resposta. Minha amada era bastante reservada, mas se revelava quando alguém estava disposto a dedicar tempo a ela. Eu me sentia profundamente amado!

**POUND FOR POUND:
CHAMADOS PARA DAR FRUTOS**

Meu primeiro amor foi uma bola de basquete. Não existe nada melhor do que esse esporte, gosto de praticá-lo até hoje. Isso, porque, quando eu era criança, morávamos na zona rural do Havaí, e a "grande cidade" da nossa ilha, Hilo — que conta com uma população de vinte e cinco mil habitantes —, localizava-se à distância de uma hora de carro do local onde eu havia nascido. Então, muitas vezes, a melhor coisa que tínhamos para fazer era jogar.

Na época em que meus irmãos e eu estávamos na escola primária, meu pai colocou um aro de basquete em nossa garagem. Nos dias em que não tínhamos treino de beisebol ou de futebol americano, e terminávamos nossa lição de casa a tempo, íamos para lá e jogávamos um pouco.

Nossa casa era como um centro comunitário em nosso bairro, e sempre acabávamos jogando um contra um ou *HORSE*[1], no qual tentávamos vencer um ao outro com arremessos de todos os pontos da quadra. Evidentemente, como é comum entre irmãos, brigas aconteciam com certa frequência em nosso meio. Eu me via como um azarão, um coitado. Hoje, tenho um metro e oitenta — na verdade, minha esposa e filhas

---

[1] N. E.: jogo de arremessos no basquete, no qual os jogadores se revezam, arremessando a bola de diferentes locais. Quando se acerta um arremesso, os que erram recebem uma letra da palavra "*horse*". O jogo termina quando um jogador receber as cinco letras, e vence o que tiver menos.

CAPÍTULO 1
AZARÃO: FAZENDO O MELHOR COM O QUE RECEBEMOS

dizem que eu ainda não parei de crescer —, mas, na sexta série, eu era, sem dúvidas, o mais baixo da turma.

Meu irmão mais velho, Keoni, também era pequeno para sua idade naqueles tempos. No final dos anos 1970, ele estudava em um internato localizado em Honolulu, não sei ao certo se estava na sétima ou oitava série. Naquela época, Randy Newman lançou uma música chamada *Short people* ("pessoas baixas", em português). Recordo-me claramente de Keoni contando aos nossos pais que as crianças maiores o provocavam com essa canção. Por isso, quando a ouvia no rádio, eu desligava o aparelho na hora, pois me lembrava dele, das afrontas que sofria e do quanto sentia sua falta. Tanto a minha própria altura como aquela música inconveniente e o amor que sentia pelo meu irmão mais velho contribuíram para minha mentalidade de azarão.

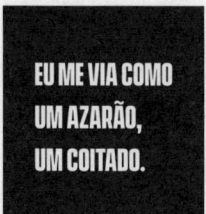

EU ME VIA COMO UM AZARÃO, UM COITADO.

Sendo assim, eu vivia em busca de heróis que também tinham azar. Até que, algumas passagens bíblicas nos evangelhos me deram uma nova perspectiva sobre as minhas características.

UMA PARÁBOLA PERSONIFICADA

A mensagem da minha vida está resumida na parábola de Jesus sobre os talentos (cf. Mateus 25.14-
-30). Ele contou essa história aos Seus discípulos, mas

tenho certeza de que nela existem princípios que podem mudar qualquer um de nós. Eu a apresentei no início deste livro, no entanto quero recontá-la com minhas próprias palavras para enfatizar três coisas: observe primeiro que **algo foi dado aos servos**. Em segundo lugar, esperava-se que multiplicassem a quantia que receberam. E, por último, eles foram responsabilizados pelo que fizeram ou deixaram de fazer com o dinheiro que tinham em mãos.

A parábola começa com o senhor prestes a se ausentar do país. Ele chamou seus empregados para distribuir seus bens, porém isso não foi realizado uniformemente, e sim de acordo com as habilidades individuais de cada um. Aquele que recebeu dois talentos fez o que já se esperava dele e, com o tempo, dobrou sua quantia. Para não ficar atrás, o servo com cinco foi imediatamente trabalhar e multiplicou duas vezes mais o que lhe fora dado também. Quando o patrão voltou para acertar as contas, logo descobriu que esses dois haviam passado no teste de fidelidade.

Já o funcionário que recebeu apenas um talento provavelmente se sentiu um azarão, e, para piorar, não fez nada com o que ganhou. Ele não entendia o que eu chamo de **princípio de *pound for pound***[2] (em português, "libra por libra") — fazer o melhor que você pode com o que tem em mãos. Para desgosto do seu chefe,

---

[2] N. E.: termo utilizado para classificar os melhores boxeadores e/ou lutadores em relação ao peso, de modo a avaliar sua habilidade geral.

CAPÍTULO 1
AZARÃO: FAZENDO O MELHOR COM O QUE RECEBEMOS

o serviçal disse: "[...] Sabendo que o senhor é um homem severo, que colhe onde não plantou e ajunta onde não espalhou, fiquei com medo e escondi o seu talento na terra [...]" (Mateus 25.24-25).

Depois de justificar seu mau comportamento e sua atitude preguiçosa, ele se aquietou e disse: "[...] aqui está o que é seu" (Mateus 25.25). Em outras palavras, ele estava dizendo: "Vê? Estou entregando a você o que me confiou. Veja, senhor. Por favor, perceba que estou devolvendo o seu talento; seguro, imaculado e sem uso, do jeito que você me deu". Então, imagino que colocou o dinheiro sobre a mesa de seu patrão, deu um tapa de leve em suas costas e se afastou.

Acredito que aquele senhor não tenha ficado feliz com sua atitude. Assim, o chamou de mau e preguiçoso, e, provavelmente, apontou o dedo, dizendo:

> [...] Você sabia que eu colho onde não plantei e ajunto onde não espalhei? Então você devia ter entregado o meu dinheiro aos banqueiros, e eu, ao voltar, receberia com juros o que é meu [...] tirem dele o talento e deem ao que tem dez. (Mateus 25.26-28)

Logo depois, ele deve ter controlado sua raiva e respirado fundo. Quem sabe, na tentativa de não desperdiçar aquela situação para ensinar algo, disse aos seus empregados:

[...] a todo o que tem, mais será dado, e terá em abundância; mas ao que não tem, até o que tem lhe será tirado. Quanto ao servo inútil, lancem-no para fora, nas trevas. Ali haverá choro e ranger de dentes. (Mateus 25.29-30)

Como era de se esperar, o amo se alegrou com a fidelidade dos outros dois servos, que aproveitaram bem o que ele lhes havia dado, dobrando o valor dos seus investimentos. Ele disse a cada um: "[...] você foi fiel no pouco, **sobre o muito o colocarei**; venha participar da alegria do seu senhor." (Mateus 25.21 – grifo nosso).

TRABALHANDO COM O QUE VOCÊ TEM

Aliás, você já reparou que, em todo o mundo, especialmente nas nações desenvolvidas, as pessoas valorizam a "grandeza" das coisas? Em quase qualquer empreendimento queremos medir o crescimento ou o tamanho. No mundo do atletismo, por exemplo, avaliamos os competidores por sua altura e força. O que se deseja é ser sempre o maior, o mais rápido e o mais forte. Na tentativa de alcançar esses resultados com maior rapidez e eficácia, alguns esportistas injetam esteroides e hormônios de crescimento ilegalmente, em busca de **vantagens** nesses atributos.

Assim como no mundo dos esportes, o ministério não está imune de focar na grandeza. É tentador

CAPÍTULO 1
AZARÃO: FAZENDO O MELHOR COM O QUE RECEBEMOS

encontrar nossa satisfação no tamanho da igreja ou na conferência em que pregamos, entre muitos outros aspectos superficiais. Por outro lado, também podemos nos sentir frustrados e derrotados quando, em vez de crescimento, vemos um declínio em nossos números ou julgamos que o nosso progresso está lento demais. Talvez, você já tenha se alegrado com o primeiro caso, afinal quem é que não sente satisfação ao se deparar com resultados positivos em uma igreja? Ou, então, frustrou-se com o segundo, até porque, à primeira vista, sua produtividade não correspondia às expectativas das pessoas ao seu redor. Mesmo assim, é importante considerar que elas podem tê-lo julgado sem levar em conta seu potencial futuro.

No nosso caso, começamos como uma pequena igreja de quarenta pessoas e, agora, somos uma megaigreja aos olhos daqueles que estudam esse crescimento. No início, lembro-me de ter "inveja" quando visitava uma congregação maior que a nossa ou ouvia falar a respeito de outra que expandia rapidamente. Talvez fosse apenas eu mesmo e meu complexo de azarão ou de inferioridade, mas isso realmente mexia comigo. Então comecei a trabalhar com o que me havia sido dado e a planejar o que faria com isso:

> *E você, Belém-Efrata, que é pequena demais para figurar como grupo de milhares de Judá [...].* (Miquéias 5.2)

POUND FOR POUND:
CHAMADOS PARA DAR FRUTOS

Infelizmente, durante a minha infância, eu não era uma criança muito alta e, apesar de ser um entusiasta dos esportes, não tinha uma habilidade atlética espetacular. Na escola primária, na maioria das vezes, eu era o último a ser escolhido nas equipes de jogos durante os recreios. Além disso, como se meus problemas de altura não bastassem, eu também era um garoto sensível — posso até dizer que, na realidade, eu era um "filhinho da mamãe".

Não preciso nem falar que minha combinação pouco impressionante de proeza atlética mediana, baixa estatura e alta sensibilidade (o trocadilho é intencional) me tornou um prato cheio para um valentão oportunista. Por conta disso, acabei desenvolvendo uma mentalidade de vigilante, tornei-me um justiceiro e defensor dos oprimidos. Acredito, inclusive, que talvez muitos super-heróis tenham começado suas trajetórias dessa forma, embora essa não seja, necessariamente, uma categoria na qual eu me coloque. De todo modo, gosto de imaginar algo assim.

Naquela época, as coisas não foram muito fáceis para mim. Eu não era o mais inteligente da classe, mas talvez fosse o melhor entre os alunos medianos. Tive de estudar bastante para tirar A e B em algumas matérias, e me lembro do esforço para conseguir um C+ em geometria, por exemplo.

Também foi difícil me destacar no esporte que amo: o basquete. Fui cortado do time do colégio na nona série e, dois anos depois, fui novamente desligado de outra equipe. Porém, após cada dispensa, eu trabalhava duro e

CAPÍTULO 1
AZARÃO: FAZENDO O MELHOR COM O QUE RECEBEMOS

conseguia entrar para os devidos grupos no ano seguinte. Qualquer que fosse a atividade, se as coisas não dessem certo de primeira, não desistia. Eu me recuperava, treinava arduamente e tentava de novo. Esse processo se repetiu várias vezes em minha juventude.

Surpreendentemente, o grande destaque da minha carreira atlética do ensino médio se deu no futebol americano. No meu último ano, com um metro e setenta de altura e apenas cinquenta e oito quilos, tentei jogar esse esporte pela primeira vez e me tornei um *wide receiver*[3] titular. Cheguei a ser convidado a fazer parte do time de uma faculdade. Tive de aprender a ser habilidoso sem a bola e correr muito rapidamente para pegá-la quando fosse lançada para mim. Tanto no treino quanto no jogo, assim que eu agarrava um arremesso, acelerava o mais rápido que podia, receoso de perder a atenção que estava recebendo. Ainda hoje, brinco com a minha mãe, provocando-a: "Se você tivesse esperado por um ano para me colocar na escola, eu teria me tornado o melhor jogador e ganharia uma bolsa de estudos na universidade, fazendo de você uma milionária! Mas não, você teve de me matricular na pré-escola logo cedo, só porque nasci em dezembro".

Geralmente, tanto no basquete como no beisebol ou no futebol americano, quando as coisas não davam certo de primeira, não desistia. Eu voltava a tentar, treinava arduamente e, no ano seguinte, entrava para o time. Esse processo se repetiria vez após vez em minha juventude.

---

[3] N. E.: posição ofensiva no futebol americano.

QUEM DISSE QUE A VIDA É INJUSTA?

Na parábola dos talentos, um homem, que era dono de tudo, **deu** a três servos o que possuía. Esse princípio é simples de entender: Deus é o Senhor de todas as coisas — nossos dons, habilidades, dinheiro, relacionamentos e igrejas. Entretanto, também é importante compreender que aquele senhor não apresentou nenhuma instrução aos seus subordinados. Ele se ausentou do país, não se sabe por quanto tempo, e depois os pegou de surpresa com seu retorno. Felizmente, você e eu fomos deixados com diversos direcionamentos quanto ao que fazer enquanto o Mestre não volta, e eles são encontrados na Bíblia. Mas a parte que realmente mexe comigo é esta: o que os servos haviam recebido era tudo o que eles tinham.

Hoje, ouvimos com frequência atletas na televisão e em outros lugares usarem exageradamente a expressão "isso é o que é" para descrever um cenário que não pode ser mudado e, portanto, deve simplesmente ser aceito. Na parábola de Jesus, a situação também "era o que era", uma vez que os empregados não opinaram a respeito do quanto receberiam. Ainda assim, eles tinham a possibilidade de decidir o que fazer com aquilo.

Jesus explicou que, antes de aquele homem se ausentar do país, ele distribuiu os talentos (ou, fazendo uma analogia com os dons que recebemos d'Ele, as habilidades) a cada servo como bem entendeu. O senhor,

CAPÍTULO 1
AZARÃO: FAZENDO O MELHOR COM O QUE RECEBEMOS

sem dúvida, sabia o que estava fazendo. Tanto é que, ao retornar, ele provou o seu julgamento de acordo com o que seus funcionários tinham em mãos. E é interessante notar que o proprietário deu a eles uma quantidade designada conforme "a capacidade deles". Isso me mostra que aquele homem sabia o quanto cada um conseguiria gerenciar. Ao primeiro, deu cinco talentos; ao segundo, dois; e ao terceiro, um.

> POR ISSO, PERCEBO DUAS LIÇÕES NESSA PARÁBOLA: TUDO VEM DE DEUS, E O QUE FAÇO COM O QUE ME FOI DADO É MINHA RESPONSABILIDADE.

Em nossos dias, alguns podem falar: "Espere. Isso é injusto! Cada pessoa não deveria receber uma quantidade igual? O certo seria dar 2,67 talentos a cada trabalhador". E eu entendo quem pensa assim. Não seria ótimo se todo jogador de basquete de dezesseis anos de idade tivesse um metro e oitenta de altura? Então conseguiríamos dizer: "Que vença o melhor!". Mas é claro que, na vida, nem tudo é "justo", pelo menos não à primeira vista.

Por isso, percebo duas lições nessa parábola: tudo vem de Deus, e o que faço com o que me foi dado é minha responsabilidade. Isso causa diversas reações em mim, e é possível que provoque algo semelhante em você também. Transportando essa história para a minha realidade, em um primeiro momento, se estivesse no lugar daqueles serviçais, eu seria motivado a entender o que poderia fazer com o que me foi dado, fosse muito ou pouco. Ao mesmo tempo, teria inúmeros questionamentos sobre o motivo de não ter recebido tanto quanto meu colega, que ganhou cinco. Logo pensaria em reclamar: "Senhor, por que não fui o menino mais alto da escola, o mais inteligente da classe ou, ao menos, mais bonito que alguns? Minha infância e adolescência teriam sido muito mais fáceis". Outra parte de mim zombaria do homem que recebeu apenas um talento e o enterrou. É inevitável não me imaginar pensando: "**Não deixarei que o senhor volte e descubra que os outros dois foram melhores do que eu!**".

Agora que sou mais velho — e querer provar que eu era bom em um campo de atletismo ou em uma sala de aula se tornou coisa do passado —, percebo que sempre fui um homem de dois talentos. Pessoas como Bill Gates, da Microsoft, o falecido evangelista Billy Graham, ou pastores de megaigrejas é que são homens de cinco talentos. A aventureira Amelia Earhart[4], Lisa Bevere[5] ou a prodígio do golfe Michelle Wie são exemplos de mulheres com esse nível de capacidade. É extremamente fácil concluirmos que **nunca seremos como**

---

[4] N. E.: Amelia Mary Earhart foi pioneira da aviação dos Estados Unidos.

[5] N. E.: Lisa Bevere é palestrante internacional, professora de estudos bíblicos, autora best-seller e cofundadora, com seu marido, o também autor best-seller John Bevere, da Messenger International, uma organização comprometida com o desenvolvimento de seguidores de Cristo dispostos a transformar o mundo.

CAPÍTULO 1
AZARÃO: FAZENDO O MELHOR COM O QUE RECEBEMOS

eles, e esse é o problema. Se pensarmos assim, começaremos a desvalorizar o que temos, comparando nossas vidas com aquilo que os outros possuem.

Lembre-se de que as pessoas de cinco talentos costumam trabalhar arduamente para fazer jus ao que lhes foi confiado. Elas têm de se sacrificar bastante, e sofrem com dores na alma e no corpo. Enquanto missionária na China, a irmã Aimee[6], por exemplo, grávida de seu primeiro filho, perdeu o marido em menos de um ano no campo. Durante toda a infância e adolescência, Michelle Wie precisou de excessivas horas de prática no *driving range*[7].

Também é relevante recordar-se da incrível jornada do jogador de basquete Jeremy Lin. O que torna sua história tão inspiradora é o fato de que ele atingiu sucesso em sua carreira após ser eliminado de dois times. Ele ficou algum tempo na liga de desenvolvimento de basquete (D-League)[8], na qual foi a última opção no banco de reservas, quando os Knicks não tinham mais jogadores em bom estado ou estratégias suficientes para rebater uma longa sequência de derrotas. Após ser escalado, Lin se tornou "a sensação do momento", jogando na divisão inferior até ser contratado pelo Houston Rockets.

---

[6] N. E.: Aimee Elizabeth Kennedy foi uma evangelista e fundadora da Igreja Quadrangular.

[7] N. E.: um *driving range* é uma instalação onde os golfistas podem praticar seu *swing* de golfe.

[8] N. E.: campeonato de basquetebol dos Estados Unidos. Atualmente é nomeado de NBA G League.

Embora esses indivíduos tivessem de trabalhar com o objetivo de atingir seu potencial — dado por Deus desde o nascimento —, cada um deles foi "agraciado para fazer o que foi chamado a fazer"[9], como descreve meu amigo e autor John Bevere. Em outras palavras, seus destinos já estavam traçados, porém ainda precisavam se esforçar muito a fim de cumpri-lo. Por Sua graça, Deus os capacitou a serem persistentes, dedicados e comprometidos, com o intuito de, enfim, realizarem o que era designado a eles.

Aprendi que fui chamado e abençoado para fazer o que faço agora. Hoje, alguns dizem que sou um homem de cinco talentos (HCT) por causa do tamanho da minha igreja. E, bem, creio que não cabe a mim afirmar isso, mas tenho certeza de que comecei como um servo de dois, que tinha potencial para ir além. Outros podem afirmar que minha esposa, Lisa, e eu pastoreamos uma igreja de cinco talentos (ICT). Nesse ponto, eu diria que eles estão certos. Mas, acredite, não começamos assim.

Tenho certeza de que os homens e igrejas de cinco talentos (HCTs e ICTs) existentes no mundo não nasceram ou começaram necessariamente dessa forma, **mas se tornaram o que são com o passar do tempo**. Eles têm o que têm porque provaram ser dignos. Como? Por meio de dedicação, trabalho árduo e um espírito persistente que se traduz em recompensas.

Então, como nos tornamos pessoas assim? Essa é a pergunta que eu costumava fazer. No entanto, acredito

---

[9] John Bevere, *Extraordinário*, 2010.

CAPÍTULO 1
AZARÃO: FAZENDO O MELHOR COM O QUE RECEBEMOS

que, na verdade, o que cada um de nós deveria questionar é: "Estou fazendo tudo o que posso com o que me foi dado? Estou dobrando os talentos com os quais o Senhor me abençoou? Em que áreas da minha vida posso provar que sou fiel para receber tudo o que Ele planejou para mim e trazer muita glória a Ele?". A grande questão da parábola não é a quantidade de bens ou habilidades que recebemos, e sim se estamos usando o que o Senhor nos deu da melhor maneira possível.

Na infância, eu reclamei por ser mais baixo do que algumas crianças da minha classe? Claro que sim. Quando começamos a igreja, cheguei a perguntar a Deus, mais de uma vez: "Por que não recebi tantos 'talentos' quanto outros pastores?". Porém, em algum momento, eu teria de parar de reclamar e começar a agradecer ao Senhor por aquilo que Ele já havia confiado a mim, em vez de continuar olhando para o que os outros tinham.

Cada um de nós precisa despertar e trabalhar com o que tem em mãos, na esperança do que virá a possuir, em vez de lamentar acerca daquilo que ainda não recebeu. Precisamos nos fazer a seguinte pergunta: **o que estou fazendo com o que me foi dado?**

A PESAGEM OFICIAL É O CAMINHO PARA A ASCENSÃO

Não sou um grande fã de boxe, mas gosto de acompanhar boas lutas. Durante meus anos de ensino médio, na década de 1980, os combates pela supremacia no mundo do boxe pareciam envolver três lutadores: Marvin Hagler, Thomas Hearns e *Sugar* Ray Leonard.

Marvin Hagler, o *Marvelous* (ou "Maravilhoso" em português), o lutador careca, de cavanhaque, com um olhar e um gancho de direita ameaçadores, dominou a divisão dos meio-médios. Ao mesmo tempo, um boxeador canhoto alto e magro chamado Thomas *Hitman* Hearns (os apelidos são os melhores, concorda?) veio de Detroit. Seu longo alcance impedia que muitos lutadores se aproximassem demais dele. Hearns enfrentou Hagler em 1985. Que luta! No final, Hagler levou a melhor sobre Hearns.

Esse combate épico preparou o terreno para a ascensão do popular *Sugar* Ray Leonard, um dos lutadores mais agradáveis e tranquilos de todos os tempos. Ele era o boxeador mais rápido daquela época, mas não o mais forte; provocava seus oponentes com um hipnotizante golpe de direita, seguido de um rápido *jab* de esquerda para atordoá-los. *Sugar* impressionava a multidão com seu gingado, baixava a guarda, como se estivesse dizendo ao seu oponente: "Vá em frente, eu desafio você a me bater". Os fãs ficavam loucos sempre que ele entrava no ringue com seu penteado *jheri curl*[10]. Aquele homem era o rei do show! Lembro-me de assistir a uma luta de Leonard-Hagler, em 1986, em uma

---

[10] N. E.: o *jheri curl* é um penteado de onda permanente que era popular entre os afro-americanos durante os anos 1980 e início dos anos 1990.

CAPÍTULO 1
AZARÃO: FAZENDO O MELHOR COM O QUE RECEBEMOS

televisão via satélite no Centro de Eventos Blaisdell em Honolulu. Leonard conseguiu vencer o seu oponente no décimo segundo round, sendo que, aparentemente, a vitória de Hagler já era certa.

Foi uma época gloriosa para o boxe, mesmo um adolescente comum como eu podia atestar isso. Já havia assistido um pouco às lutas de Muhammad Ali[11] e ouvido falar da maior delas: Thrilla in Manila[12]. Tinha testemunhado a ferocidade e as técnicas de Mike Tyson[13] ao morder as orelhas de seus oponentes. Mas nenhum lutador mexeu com minha imaginação como o trio Hearns-Hagler-Leonard. Embora a glória parecesse estar na divisão dos pesos-pesados com a geração de boxeadores de Ali e, na década de 1990, com celebridades como *Iron* Mike Tyson, Evander Holyfield[14] e o renovado George Foreman[15], ninguém conseguia me emocionar como os lutadores menores da década

---

[11] N. E.: Muhammad Ali é considerado um dos maiores lutadores de boxe da História; recebeu medalha de ouro nas Olimpíadas de 1960.

[12] N. E.: famosa luta final de pesos-pesados entre Muhammad Ali e Joe Frazier, em outubro de 1975. Ali venceu por nocaute técnico.

[13] N. E.: Mike Tyson é um boxeador americano que se tornou o mais jovem campeão dos pesos-pesados da História.

[14] N. E.: Evander Holyfield é um ex-boxeador norte-americano pentacampeão dos pesos-pesados.

[15] N. E.: George Foreman é um ex-boxeador, duas vezes campeão mundial de boxe na categoria peso-pesado e medalhista de ouro nas Olimpíadas de 1968.

de 1980. Eles tinham muita agilidade nos pés; além de serem ambiciosos e determinados, brigavam por tudo o que podiam obter, fosse a vitória, a glória ou apenas o respeito. Foi emocionante vê-los em ação!

Independentemente da classe de peso, os boxeadores são julgados por suas vitórias *versus* derrotas. É um verdadeiro desafio tentar determinar quais são os melhores lutadores de todos os tempos, uma vez que eles competem em diferentes categorias de peso e nunca combatem entre si. Especialistas e fãs discutem o valor *pound for pound* (P4P) de um boxeador. Levam em conta, por exemplo, quantos cinturões de campeonato ele ganhou. Analisam seus nocautes, sua classe de peso, os recordes de seus oponentes, entre outros atributos. Esses tipos de avaliações ocorrem em quase todos os esportes (inclusive no MMA), mas são mais frequentes no boxe.

Você pode estar pensando: "Tudo bem, Mike, mas onde você quer chegar falando sobre esse esporte?". Permita-me começar dizendo o seguinte: **o tamanho de um lutador não é tão importante quanto a sua eficácia**.

Hoje, conforme a classificação *pound for pound*, muitos consideram o filipino Emmanuel "Manny" Pacquiao, o melhor dos melhores nesse esporte. Alguns argumentam que Pacquiao, apelidado de *Pacman*, é possivelmente o melhor lutador P4P da história do esporte. Eu sei que não sou um especialista no assunto, mas Manny, que tem pouco mais de um metro e sessenta de

CAPÍTULO 1
AZARÃO: FAZENDO O MELHOR COM O QUE RECEBEMOS

altura, e sessenta e oito quilos, certamente merece, no mínimo, ser chamado de melhor lutador P4P desta geração. Seu recorde, neste momento, é de cinquenta e nove vitórias, sete derrotas e dois empates. E, para tornar esse quadro ainda mais lendário, trinta e oito dessas vitórias foram por nocaute técnico.

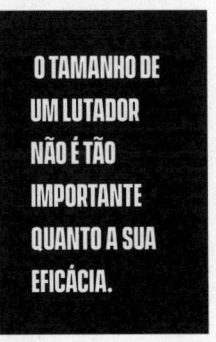

> **O TAMANHO DE UM LUTADOR NÃO É TÃO IMPORTANTE QUANTO A SUA EFICÁCIA.**

Esqueça isso por um momento e considere novamente que ele é do tamanho de um homem filipino médio. Cada um de seus bíceps mede trinta e três centímetros; seu peitoral (expandido), cento e quatro; e seu alcance é de cento e setenta. Se você visse Manny andando na rua e não o reconhecesse, não desconfiaria que ele é um dos maiores boxeadores de todos os tempos, com um gancho de direita devastador. O mais impressionante pode ser justamente aquilo que não se revela à primeira vista.

O tamanho médio de um boxista na divisão dos pesos-pesados começa em noventa e um quilos. Bem impressionante. Porém, se você ler sobre Manny Pacquiao, verá um status diferente. O que as pessoas admiram, mas não podem medir nele, ou em qualquer outro lutador, é o tamanho de seu coração.

Claro, não estamos falando sobre o tamanho real do órgão que bombeia sangue para os punhos de pedra de um pugilista. Nem sobre suas boas intenções.

**POUND FOR POUND:
CHAMADOS PARA DAR FRUTOS**

Quando Pacquiao atravessa as cordas do ringue e suas medidas — que foram tiradas antes da luta — são colocadas de lado, ele e seu oponente fitam os olhos um do outro à espera de qualquer sinal de medo, e desafiam o seu adversário a piscar. Mas, no momento em que o sino toca e o árbitro grita "Box!", as únicas coisas que realmente importam são a dedicação, o trabalho duro e a persistência de cada lutador. A união dessas três qualidades de maneira harmoniosa é o segredo de qualquer campeão — ou melhor, essa é a sua essência, seu coração.

Obviamente, nem todos os boxeadores são iguais. Alguns são mais altos, um pouco mais talentosos, musculosos, mais rápidos do que os demais, ou possuem alguma habilidade específica. Certos pugilistas parecem ter nascido para derrotar seus oponentes após o gongo. Outros cresceram se defendendo de baderneiros na rua, e grande parte deles descobriu que a única maneira de sair de uma condição de vulnerabilidade socioeconômica era dando alguns socos em um ringue.

Seja qual for a aptidão ou motivação para o boxe, tudo se resume a esta afirmação que ouço desde criança: **"Não é o tamanho do cachorro que importa em uma luta, mas o tamanho da luta no cachorro"**. Agora, antes que você me denuncie aos protetores dos animais, não diria que essa afirmação contém muita verdade?

Reflita acerca do que acabou de ler neste capítulo e aplique em quase tudo na sua vida. Aqui está o que

CAPÍTULO 1
AZARÃO: FAZENDO O MELHOR COM O QUE RECEBEMOS

acredito com todas as minhas forças: uma das grandes medidas de uma igreja, de um líder — de mim, de você, todos nós — é o nosso valor P4P.

O princípio da classificação *pound for pound* diz respeito ao que você faz com o que tem e o tamanho do seu coração.

Capítulo 2
ALEGRIA: ENCONTRANDO-A EM NOSSO VALOR

> *O Senhor respondeu: — Quem é, pois, o mordomo fiel e prudente, a quem o senhor deixará encarregado dos demais servos da casa [...]?* (Lucas 12.42)

> *Você está vendo alguém que é habilidoso naquilo que faz? Ele será posto diante de reis; não estará a serviço da plebe.* (Provérbios 22.29)

Jesus disse: "[...] àquele a quem muito foi dado, muito lhe será exigido [...]" (Lucas 12.48). E, em outro momento, ainda declarou: "— Quem é fiel no pouco também é fiel no muito [...]" (Lucas 16.10). Consequentemente, esses dois versículos nos levam à seguinte pergunta: o que estamos fazendo com aquilo que nos foi dado? Observe que, em momento algum, eu disse que ter mais é melhor, nem que o sucesso é tudo.

Mesmo assim, quero que você leve a sério o fato de que fomos chamados para dar frutos (cf. João 15.5). E, quando falo a respeito desse assunto, refiro-me a evidências e resultados concretos de nossa fidelidade frente ao que o Senhor nos deu. Temos a responsabilidade de usar o que nos foi concedido por Ele, não importando o tamanho de nossa igreja, nosso grau de instrução, se tivemos treinamento ou não, nem aquilo que pensamos a respeito de nós mesmos. Mais uma vez, tudo se resume à seguinte questão: **o que estamos fazendo com o que nos foi dado?**

O QUE É UMA IGREJA P4P?

A igreja P4P (*pound for pound*) é aquela que faz o seu melhor com o que lhe é dado. Recorrentemente, encontro pastores que se sentem mal porque suas comunidades não atingem a expectativa de crescimento. Elas chegam a um determinado número de membros e param de crescer, ou parecem não conseguir manter a "porta de saída" fechada. Alguns desses líderes, até mesmo, começaram com mais pessoas do que têm atualmente. Outros serviram por anos e nunca viram seus ministérios ultrapassarem certo limite, e sentem que estão apenas liderando igrejas que servem para abastecer outras maiores.

Lembro-me de ter um sentimento parecido em meus primeiros dias como pastor titular. Antes de nos mudarmos para nosso novo prédio (uma história que compartilharei mais adiante), lutei durante cinco anos para que, de alguma forma, continuássemos crescendo anualmente. Talvez você conheça o lema: "Alimente as

CAPÍTULO 2
ALEGRIA: ENCONTRANDO-A EM NOSSO VALOR

ovelhas e Deus edificará a igreja". Embora essa seja uma ótima frase, considero-a incompleta.

Temos um papel a desempenhar, a respeito do qual a Bíblia nos instrui. Recordo-me do meu esforço para ser visto como alguém autêntico tanto para nossa comunidade local como para mim mesmo. Naquele tempo, havia igrejas muito maiores que a nossa, com mais dinheiro, cultos mais envolventes, instalações mais agradáveis e... ar-condicionado! Ao longo dos nossos oito primeiros anos, os encontros aconteciam no refeitório de uma escola que acomodava, no máximo, duzentas e vinte e cinco pessoas. Como o telhado era fechado, não havia circulação de ar, e ficava tão quente durante os verões havaianos (de abril a outubro), que era como se estivéssemos em uma sauna ou em uma panela de pressão. Devo ter usado um suéter uma vez ao ano enquanto estávamos naquele lugar, pois foram poucas as ocasiões em que o clima ficou abaixo dos vinte graus. Qualquer queda na temperatura era motivo de alegria!

Nessa época, eu costumava me perguntar: **como podemos competir com outras igrejas?** Mas esse era o questionamento errado. Afinal, meus olhos enxergavam outras congregações como nossas rivais, e não como parceiras. Em meu coração, olhava para elas com inveja em vez de me alegrar com suas qualidades. Felizmente, percebi que o Diabo era o nosso verdadeiro adversário. O pior de nossos problemas, no entanto, foi ter passado por um período em que dei mais atenção ao que ainda estava para ser colhido, e não ao que já estava em meu celeiro. Então, voltei a administrar quem e o que havia sido dado a mim. Precisei buscar e salvar o que estava perdido (cf. Lucas 19.10). Até porque, **por qual motivo o Senhor da Colheita me confiaria mais se eu não conseguia ser fiel ao pouco que tinha em mãos?** (cf. Lucas 16.10).

Quando se trata do valor P4P de uma igreja ou ministério, simpatizo com pastores que lutam pelo que são responsáveis. Levando em conta o desgaste emocional que pode afetá-los ao longo da caminhada, penso naqueles líderes que servem com fidelidade a suas congregações há cinco, dez ou vinte anos e não as viram crescer conforme esperavam. Alguns chegam a escutar especialistas nesse assunto, que dizem existir um certo "teste" pelo qual os pastores devem passar nos primeiros dois anos de ministério, para assegurar que as chances de crescimento não diminuam nas temporadas seguintes. Eles também se sentem derrotados quando participam de conferências ou reuniões denominacionais, pois são lembrados daquilo que não têm. Então, começam a questionar se possuem o "necessário" para serem "pastores de sucesso" e a duvidar de seu chamado.

Nessas horas, nem sempre existe alguém por perto com a intenção de rebaixá-los pela falta de expansão numérica em suas igrejas. Esses líderes apenas desejam crescer ministerialmente e ficam frustrados quando isso demora a acontecer. Ao se depararem com pastores de "cinco

CAPÍTULO 2
ALEGRIA: ENCONTRANDO-A EM NOSSO VALOR

talentos", passam a desvalorizar todo o trabalho que investiram ao longo dos anos. Mas essa comparação é perigosa.

Se estiver em uma situação semelhante à que acabei de descrever, por favor, não desanime. Tenho certeza de que, se você tem sido um mordomo fiel do talento ou talentos que Deus lhe deu, ouvirá algum dia: "[...] Muito bem, servo bom e fiel [...] venha participar da alegria do seu senhor" (Mateus 25.23). Não acredito que Ele o repreenderia, ou a qualquer outro pastor, só porque sua congregação é menor que alguma outra.

Imagine se, ao recebê-lo na Eternidade, o Senhor dissesse: "Bem-vindo, pastor! É bom tê-lo aqui. Deixe-me ver... bom, de acordo com os registros, você parecia estar trabalhando para que sua igreja alcançasse a próxima meta apontada por pessoas mais experientes. Contudo, para ser bem honesto, estou muito desapontado. Eu sei que você não recebeu tanto quanto alguns pastores, mas esperava que fizesse pelo menos metade do que eles fizeram. E, claro, sei que não o chamei para pastorear uma congregação em uma grande metrópole com milhões de pessoas, mas isso não importa, porque, veja bem, Eu sou um Senhor injusto". Não acredito que isso acontecerá no Céu. Pelo contrário, haverá recompensas pela fidelidade.

Penso, em especial, no pastor de uma pequena cidade ou vilarejo, que tem um emprego comum em uma fábrica local e exerce a função ministerial. Sua esposa trabalha fora de casa e seus filhos frequentam a escola pública do bairro. Eles lutam para pagar as despesas. A igreja não o consegue remunerar por um trabalho de tempo integral, muito menos vinte horas semanais, então lhe envia um singelo valor mensal, que serve somente para cobrir sua conta de telefone e custear a sua participação em alguns eventos locais durante o ano.

Há dinheiro suficiente apenas para alugar um prédio aos fins de semana e financiar algumas atividades de divulgação das reuniões locais. Se ele quiser participar de uma conferência em outro estado ou país, a igreja precisará economizar durante um ano inteiro. É possível que esse pastor tenha menos tempo para preparar sermões, ministrar ao seu rebanho e até servir com mais disposição após um período de descanso merecido, diferentemente da maioria das pessoas. Ele ama o que foi chamado para fazer, mas tudo o está afetando emocional e fisicamente. Mesmo assim, permanece fiel à congregação que ama, bem como ao Senhor. No fim das contas, sua perseverança é tudo o que importa.

> NO FIM DAS CONTAS, SUA PERSEVERANÇA É TUDO O QUE IMPORTA.

NÚMEROS

Confesso que sou um cara dos números. Eu prefiro gráficos em vez de documentos e listas infinitas, porque, por meio deles, podemos visualizar certas

CAPÍTULO 2
ALEGRIA: ENCONTRANDO-A EM NOSSO VALOR

tendências. Observar os índices dessa maneira me permite comparar dados com agilidade ao longo de semanas, meses e até anos. Em nossa igreja, contabilizamos cada criança, adolescente e adulto que toma a decisão de entregar sua vida ao Senhor. Esse número é precioso para mim, por isso nos certificamos de arquivá-lo com a maior precisão possível.

Registramos a frequência nos cultos, os dízimos e as ofertas, reunião após reunião. Fazemos isso, pois é nossa responsabilidade. Na parábola da ovelha perdida (cf. Mateus 18.10-14; cf. Lucas 15.1-7), o pastor percebeu que uma delas havia sumido porque sabia exatamente quantas possuía no rebanho; por isso, deixou as noventa e nove para ir atrás da que faltava. Contar é importante.

Também comemoramos a constância e o crescimento da igreja, pois vale a pena celebrar essas conquistas! Sempre que atingimos um novo patamar, fazemos uma festa. É um privilégio pastorear um rebanho. Com gratidão e orações, saboreamos bolos e sorvetes, sem nos esquecer de encher algumas bexigas. Então, seguimos em frente, como se disséssemos: "**Obrigado, Senhor. Qual é o próximo passo?**".

Quando se está crescendo, tudo é ótimo! Principalmente se você amar os números e adorar contá-los — é por isso que pode ser bem frustrante observar certo declínio nos registros. Graças a Deus, esses marcos instigam um bom líder. Aliás, motivação e inspiração andam de mãos dadas. Na verdade, **acredito que a última seja o combustível da primeira**, afinal é a inspiração que nos motiva a alcançar qualquer coisa.

Todos precisamos de inspiração e motivação. Uma criança se esforçará para tirar um dez em sua prova, caso tenha a promessa de uma recompensa de sua avó, por exemplo. Um vendedor também fará um esforço extra, se for inspirado por uma viagem a um lugar especial após alcançar determinada meta.

Revisar os números todo fim de semana me ajuda a saber como estamos indo. Não acredito que haja algo de errado nisso. É como o painel do meu carro. Ele me diz coisas importantes, como a minha velocidade e a quantidade de gasolina no tanque. Os medidores indicam se o motor está superaquecendo ou não. Eles também me dizem se o óleo do meu veículo está acabando. Esses indicadores são essenciais para dirigir. Na mesma medida, acredito que "fazer a contagem" é crucial para se liderar uma igreja.

Quando nossos "indicadores" mostravam que os números haviam se estabilizado ou diminuído, a insatisfação, por vezes, era uma motivação a mais para orar. Eu também ficava mais aberto a novas ideias. Afinal, se fazer as mesmas coisas repetidamente não gerava os resultados desejados, algo tinha de mudar. Ou seja, isso pode significar uma "frustração boa" ou, em um linguajar bem cristão, **uma frustração santa**. Assim como a inspiração, a frustração pode ser o catalisador da motivação.

CAPÍTULO 2
ALEGRIA: ENCONTRANDO-A EM NOSSO VALOR

Sentir uma certa insatisfação com as coisas enquanto amadurecemos nosso coração não é ruim. Existe um ditado que repito há anos — e ele foi se adequando ao longo do tempo: "**Estou sempre contente, mas nunca complacente**". Por favor, entenda o que quero dizer. Sou grato com o que já recebemos do Senhor. Não há dúvida sobre isso. Não estaríamos onde estamos hoje se não fosse por Sua mão em nossas vidas. Como Salmos 16.5 diz: "O Senhor é a porção da minha herança e o meu cálice; tu sustentas a minha sorte". Não importa o que aconteça, posso descansar em minha alegria, em Suas bênçãos e em quem sou em Cristo.

No entanto, alguém pode ser tentado a pensar: "**Já que me sinto contente, não deveria tomar isso como um sinal para relaxar e deixar Deus fazer todo o trabalho?**". Se esse tipo de pensamento fosse verdade, deveríamos todos fechar nossas portas, renunciar às nossas posições, tornar-nos monges em um mosteiro no deserto e nos contentar com tudo ao nosso redor, enquanto o resto do mundo vai para o Inferno.

A alegria é uma dádiva; como Paulo escreveu: "[...] a piedade acompanhada de alegria espiritual é grande fonte de lucro" (1 Timóteo 6.6 – KJA). Apesar disso, não devemos ser complacentes e pensar: "**Isso já é bom o suficiente, não acha? Vamos aproveitar por um tempo e festejar o trabalho bem-feito. Já superamos nossas próprias expectativas, então por que faríamos algo mais?**".

Alguém, por favor, diga alguma coisa, chame minha atenção, levante a mão, dê-me um tapa, se já me viu fazendo ou falando algo que sinalizasse um recuo ou passividade. Quero fazer mais, tornar-me mais e alcançar mais. Acredito que Deus queira nos abençoar com bênçãos extraordinárias, mas nada disso diz respeito apenas a nós mesmos. Vai muito além de nós. Também inclui a vida daqueles que impactamos indiretamente. Tente imaginar quantos podem ser transformados se continuarmos firmes, permanecendo fiéis e perseverantes.

A ARMADILHA DA COMPLACÊNCIA

Ser alegre espiritualmente significa ser grato pelo que se tem no momento. Sem dúvida, eu adoraria ter "mais". E pretendo evoluir e me tornar alguém bem-preparado, mas não vou cometer o erro de exagerar.

Seria como um homem de quarenta e cinco anos, fora de forma, pensar que pode jogar basquete no Chicago Bulls e, na porta de sua garagem, realizar sua própria coletiva de imprensa, anunciando que está à procura de um agente para se tornar profissional e entrar na seletiva da NBA[1]. Ele será um homem triste e solitário, esperando o telefone tocar, enquanto come batatas fritas em seu sofá estofado. Isso seria um desequilíbrio absurdo!

---

[1] N. E.: evento anual no qual os trinta times da National Basketball Association podem recrutar jogadores que são elegíveis para ingressar na liga.

CAPÍTULO 2
ALEGRIA: ENCONTRANDO-A EM NOSSO VALOR

Por outro lado, à medida que nos esforçamos para evitar o exagero, podemos permitir que a complacência se instale em nossas vidas com facilidade, o que pode nos levar ao fracasso. Proteja-se e evite isso.

Às vezes, sinto que tenho essa frustração santa por saber que podemos fazer e nos tornar mais para o Senhor. Fico abatido ao perceber que não estamos alcançando ou vivendo de acordo com nosso potencial. Mas não me entenda mal. Quando isso acontece, não fico andando pela casa chutando meu cachorro, ou gritando com a recepcionista da igreja — embora já tenha pensado em gritar com alguns pastores de jovens.

> ACREDITO QUE DEUS QUEIRA NOS ABENÇOAR COM BÊNÇÃOS EXTRAORDINÁRIAS, MAS NADA DISSO DIZ RESPEITO APENAS A NÓS MESMOS. VAI MUITO ALÉM DE NÓS.

Sou feliz, mas nunca complacente, não importa o quanto crescemos até aqui. Por que feliz? Porque Jesus é meu Senhor e me salvou. Porque minha esposa e filhos me amam e me respeitam, e pastoreamos uma igreja incrível. Sou grato e, portanto, feliz. **Porém, se eu me der o luxo da complacência, meu rebanho fará o mesmo**. Como ouvi o pastor Bill Hybels dizer uma vez: "A velocidade do líder é a velocidade da equipe".[2]

A complacência nos levará à mediocridade. Ela nos remete a alguém desmotivado ou, pior ainda, a alguém

---

[2] Bill Hybels, *Axiom*, 2008.

que abdicou de sua liderança. A complacência nos impede de fazer o nosso melhor e alcançar o potencial que nos foi dado por Deus. Ela sufoca a criatividade e a excelência. Pode muito bem ser uma consequência da arrogância e do orgulho, e começa no momento em que dizemos a nós mesmos: "**Eu cheguei aonde precisava**". Ela pode se esconder em nossa insistência em fazer as coisas sempre do mesmo jeito, mesmo que não estejam mais funcionando. E essa teimosia faz com que nos acomodemos, baseados no seguinte pensamento: "Se foi bom o suficiente para meu pai, então é bom o suficiente para mim!". Percebe o problema?

Tento evitar a complacência em minha saúde, casamento, família e igreja. Mais uma vez: por favor, não me entenda mal. Não sou o tipo de pessoa gananciosa, preocupada em vencer a todo custo, como Gordon Gekko[3]. Descanso aos sábados e tiro minhas férias. Tive até um período sabático de dois meses e, acredite em mim, mal posso esperar pelo próximo. Mas caso eu me torne complacente, ficarei para trás e, para mim, isso seria como enterrar os talentos que o Senhor me deu.

Acredito que uma pergunta importante que deva ser feita com frequência é: "Tenho sido fiel em administrar bem o que Deus me confiou?". Felizmente, existem temporadas nas quais é fácil estarmos motivados e inspirados para servir aos outros com dedicação. A

---

[3] N. E.: vilão fictício de *Wall Street*, popular filme de Oliver Stone; o personagem se tornou um símbolo cultural da ganância.

CAPÍTULO 2
ALEGRIA: ENCONTRANDO-A EM NOSSO VALOR

disciplina pode ser aproveitada e usada a fim de multiplicar nossos talentos e habilidades para a glória de Deus. Todavia, é provável que haja momentos em que estaremos menos entusiasmados com o que temos pela frente. Nessas horas, podemos ser tentados a fazer por fazer — sem que o nosso coração esteja engajado na tarefa. Mas seja lá o que tivermos em mãos, não podemos nos comportar dessa maneira.

Você e eu recebemos tempo, relacionamentos, pessoas e recursos. Há uma expectativa colocada sobre nós para administrar tudo isso com excelência. Pegue o que lhe foi dado e faça o melhor que puder. Não permita que coisas, como medo, desânimo, preguiça e indecisão — associada à paralisia por análise[4] — o parem. Isso é inaceitável para o Senhor, e deve ser para você também.

USE OU PERCA

Quando se trata do princípio P4P, se não fizermos nada com o que nos foi dado, correremos o risco da perda. Nos mais de dezessete anos da Inspire Church[5], tenho certeza de que "perdi" ovelhas que não se sentiram

---

[4] N. E.: processo individual ou em grupo em que a análise demasiada de uma situação pode fazer com que a tomada de decisão seja retardada, o que significa que nenhuma solução é decidida dentro de um período aceitável.

[5] N. E.: igreja fundada e liderada pelos pastores Mike e Lisa Kai em 2001, com filiais espalhas por todo Havaí (EUA).

bem pastoreadas. Talvez elas não tenham usado essas palavras, mas, sem dúvida, tivemos uma boa parcela que se distanciou por esse motivo. E não estou falando daquelas que estão à procura de outra igreja para frequentarem.

Às vezes, não temos controle sobre isso, porque, por uma razão ou outra, as pessoas estão tentando encontrar o lugar certo para elas e suas famílias. Isso não é um problema para mim. Quanto mais cedo descobrirem se foram direcionados ou não à nossa igreja, melhor será para todos.

Contudo, se deixarmos de administrar, pastorear ou liderar aqueles que foram confiados aos nossos cuidados, teremos de nos perguntar: "O que podemos fazer que está **sob nosso controle** para garantir que isso não aconteça novamente?". Se é preciso mudança, devemos dar atenção a isso. Se **nós, como líderes,** precisamos nos adaptar, então os ajustes necessários devem ser feitos. Na verdade, não agir quando um posicionamento é exigido é o mesmo que enterrar o nosso talento.

A complacência fará que, até mesmo, uma pessoa de "cinco talentos" enterre o que tem. Nessa posição, tornamo-nos menos propensos a assumir riscos — mesmo os calculados — e agimos com menos fé. Ficamos com medo de perder o que temos. Entramos no modo de autopreservação para proteger o pouco que resta em nosso interior. A generosidade diminui com o tempo, assim como os demais recursos. Por fim, nossa influência diminui.

CAPÍTULO 2
ALEGRIA: ENCONTRANDO-A EM NOSSO VALOR

Quando as coisas chegam a esse ponto, é comum falarmos ou ouvirmos pessoas ao nosso redor repetindo frases como: "Não podemos nos dar ao luxo de fazer isso"; ou: "Com uma igreja do nosso tamanho, temos de ter muito cuidado". Se alguém me ouvir dizer esse tipo de coisa, espero que me confronte, dizendo: "O que aconteceu com o cara que se arriscou apesar de seus medos? Por que você mudou, Mike?".

Não sou irresponsável. Eu entendo o conceito de tomar decisões sábias e em oração. Esse é um bom conselho para aqueles que são mais jovens, bem como para os mais velhos. Mas quem disse que teríamos de desacelerar com o passar dos anos? Foi assim que o apóstolo Paulo agiu? Até onde sei, não. Ele batalhou e foi o mais longe que pôde, desde que seu corpo e mente permitissem. Acho que as únicas coisas que realmente o pararam foram uma cela romana e sua eventual morte.

> SE NÃO BUSCARMOS GRANDES SONHOS E VISÕES POR MEDO DE NÃO OS ALCANÇAR, PODEMOS MUITO BEM PERDER O QUE TEMOS ATUALMENTE. ESSAS COISAS APENAS SERÃO CONFIADAS A UM SERVO SÁBIO E FIEL. É SIMPLES ASSIM.

É claro que não é preciso ser mais velho para ter esse tipo de desaceleração. Isso pode acontecer enquanto somos jovens. Tentativas anteriores fracassadas ou contratempos temporários podem nos tornar cautelosos em excesso com nossas falhas. Quando estamos mais preocupados com preferências ou estilos pessoais e não somos flexíveis para fazer correções em momentos-chave, corremos o risco de perder o talento que nos foi dado. Se não buscarmos grandes sonhos e visões por medo de não os alcançar, podemos muito bem perder o que temos atualmente. Essas coisas apenas serão confiadas a um servo sábio e fiel. É simples assim. Foi o que aconteceu comigo quando assumi a minha igreja. Era como se o Senhor estivesse me dizendo: "Tudo bem, Mike. Estou lhe dando uma chance. Cuide bem deles, filho".

É COISA DA SUA CABEÇA

Fui abençoado com três filhas lindas, mas sempre disse que se tivesse um filho, seu nome seria Calebe. E por que esse nome? O Calebe do Antigo Testamento não recebeu tanta atenção quanto Josué. Isso é compreensível, embora tenha sido um espião que demonstrou grande fé ao contemplar a Terra Prometida (cf. Números 13). Mas o que realmente amo em sua história é o seu **espírito diferente** (cf. Números 14.24).

Quando finalmente chegou a Canaã, o velho Calebe disse (parafraseando o texto de Josué 14.10-12): "Eu estava com vocês quando vimos a terra e fomos parados pelos bebês chorões que tiveram medo e queriam suas mamães. Eu também estive com vocês nos últimos quarenta e cinco anos. E querem saber de uma coisa?

CAPÍTULO 2
ALEGRIA: ENCONTRANDO-A EM NOSSO VALOR

Apesar da minha idade, sou jovem por dentro. Ainda sou ágil como os mais novos, com a diferença de que tenho a experiência necessária para fortalecer meus músculos. Posso superar até mesmo as crianças! Então, deem-me minha terra! Vou tomar a região montanhosa. Expulsarei os inimigos de lá e eles se arrependerão de terem visto este velho guerreiro. Deem-me minha terra!".

Eu quero ter o mesmo espírito de Calebe quando tiver a idade dele (daqui a quarenta anos ou mais). Ser capaz de conquistar novos territórios, mesmo quando os outros estiverem se aposentando. Se o Senhor me permitir viver tanto tempo assim, desejo continuar dobrando os talentos que Ele me confiou e compartilhando-os com aqueles que também foram fiéis. É isso que espero realizar. Afinal, aquilo que você faz com o que lhe foi dado é o que o torna diferente.

Capítulo 3
"QUEM ESTÁ AO MEU LADO?": CONFIANDO EM PESSOAS-CHAVE PARA SEGUIR EM FRENTE

> *Se alguém quiser dominar um deles, os dois poderão resistir; o cordão de três dobras não se rompe com facilidade.* (Eclesiastes 4.12)

Todo grande lutador precisa de uma boa equipe. Sem a ajuda e apoio de outras pessoas, não importa quão bom ele seja, nunca chegará ao topo do ranking. Boxeadores profissionais não nascem de repente, eles são treinados. E, por trás de cada um deles, há uma história de relacionamento e cumplicidade com aqueles que estão ao seu redor.

Pensando no meu caso, nunca imaginei que me tornaria um pastor. Na verdade, quando era mais novo, não conhecia nenhum ministro nem sabia dizer o que significava ser um. Quando fui ao escritório do meu orientador, no ensino médio, para fazer um teste vocacional, a profissão "pastor" nem sequer estava na lista.

E tenho certeza de que ainda não está. Apesar disso, sou muito grato por minha educação religiosa. Criado como católico, fui coroinha[1] por sete anos e recebi o sacramento do crisma[2] na Igreja Católica Nossa Senhora de Lourdes. Ainda assim, o pensamento de me tornar um pastor nunca havia passado pela minha cabeça.

FAMÍLIA

Cresci em Honoka'a, uma cidade com, aproximadamente, duas mil pessoas, no Havaí. Nenhum outro cenário teria sido mais perfeito. Minha região é uma área de microclimas[3]. Imagine poder dirigir em um dia de sol até o cume do Mauna Kea (quatro mil duzentos e cinco metros acima do nível do mar), onde neva de dezembro a fevereiro; depois descer para caminhar sobre antigos fluxos de lava tão áridos quanto um deserto; e então percorrer as estradas por uma hora para explorar uma floresta tropical, tudo isso em um único dia. Embora tenha viajado para vários países

---

[1] N. E.: menino que tem a função de auxiliar o sacerdote durante a celebração da missa.

[2] N. E.: na igreja católica cristã, o sacramento do crisma consiste na Confirmação do Batismo pelo Espírito Santo, por meio da qual o fiel é enviado ao mundo para testemunhar o Evangelho de Jesus Cristo em atos e palavras.

[3] N. E.: região geograficamente pequena onde as condições atmosféricas diferem da zona ao seu redor.

CAPÍTULO 3
"QUEM ESTÁ AO MEU LADO?": CONFIANDO EM PESSOAS-CHAVE PARA SEGUIR EM FRENTE

desde que me tornei pastor, a Big Island é onde está o meu coração.

Foi lá que eu cursei o ensino fundamental — na escola pública Honoka'a — e o ensino médio — na escola Pahala, de 1975 a 1977. Essas datas estão gravadas em minha memória. Lembro-me de que, na mesma época, aconteceu o bicentenário do nosso país, e também foi a primeira vez que minha família viajou à Disneylândia.

Mamãe passava a maior parte do tempo em casa, até a fase em que começamos a nos alimentar sozinhos. Já meu pai era um dos melhores policiais da ilha, além de um ótimo treinador de beisebol do ensino médio. Infelizmente, ele parou de treinar o time da escola quando iniciei o segundo grau; se isso não tivesse acontecido, eu nunca teria sido cortado do time. Seria negligente se não mencionasse que, durante sua juventude, meu pai recebeu uma proposta para jogar beisebol no Milwaukee Braves, antes de o time ser transferido para a Geórgia e se tornar o Atlanta Braves, mas ele recusou devido ao seu amor por minha mãe. Essa foi uma ótima escolha, porque, se tivesse aceitado a oferta, talvez eu nem mesmo existisse, e você não estaria lendo este livro.

Desde pequenos, meus irmãos e eu tivemos uma ótima educação. Mamãe e papai fizeram um bom trabalho ao criar meu irmão mais velho, Keoni, meus irmãos mais novos, Elissa e Len, e eu. Nossas diferenças de idade são de dois anos um para o outro. Por causa disso, sempre aproveitava as roupas de segunda mão do Keoni, que eu adorava pelo seu bom gosto. Tenho muito orgulho de cada um dos meus irmãos e suas conquistas. Da mesma forma, amo e honro meus pais. Sou imensamente feliz por eles estarem juntos até hoje, mesmo depois de mais de quarenta anos de casamento. Sem minha família ao meu lado, não teria chegado até aqui.

Agora, falando um pouco sobre a minha esposa, Lisa, tenho certeza de que ela nunca pensou que se tornaria uma cristã — já que era nascida em uma família budista —, e muito menos que se casaria com um pastor. A casa onde morou durante sua infância tinha uma parede inteira dedicada à fé budista de seus pais. Havia retratos, estatuetas e pinturas de crianças chinesas sorridentes com bochechas rosadas, pele branca e pirulitos nas mãos. Enquanto ainda era um bebê, Lisa foi dedicada à vida monástica. Porém, graças a Deus, seu destino seguiu um rumo diferente — acho que ela não ficaria nada bonita com a cabeça raspada e vestindo um manto preto.

RAÍZES NA IGREJA

Embora minhas raízes tenham sido estabelecidas na fé católica, conhecia uma rede de igrejas evangélicas chamada Hope Chapel. São, aproximadamente, mil e quinhentas congregações de vários tamanhos e estilos

CAPÍTULO 3
"QUEM ESTÁ AO MEU LADO?": CONFIANDO EM PESSOAS-CHAVE PARA SEGUIR EM FRENTE

espalhadas pelo mundo. Entreguei minha vida a Jesus em uma delas, no ano de 1989, em Kane'ohe, Havaí.

LISA

Lisa e eu tivemos o privilégio e a honra de pastorear a Hope Chapel West O'ahu no ano de 2001. Aliás, esse era o nome da nossa igreja no começo, até que fizemos a mudança algum tempo depois, a qual explicarei em outro capítulo. Meu mentor, Ralph Moore, um dos heróis desconhecidos no mundo da plantação de igrejas, discipulou-me durante dois anos após minha conversão, porque queria ter certeza de que Lisa Lum (por quem eu já estava apaixonado) não estava namorando um criminoso. Por qual motivo? Quando Lisa e eu nos conhecemos, eu era um pai solteiro e divorciado.

Pouco tempo depois, começamos a namorar, e levamos isso a sério, porém, logo terminamos e permanecemos "apenas como amigos" por um ano. Na verdade, fizemos um acordo de não nos falarmos durante aquele período para observar se o sentimento iria reacender. Mas não cumpri minha parte do trato, pois percebi que não conseguiria viver sem ela. Então, finalmente, voltamos a nos relacionar e, após três meses, nós nos casamos.

O mais engraçado dessa história é que, antes de conhecer Lisa, pedi a Deus que, se tivesse a chance de me casar mais uma vez, Ele fizesse cruzar o meu caminho uma linda mulher asiática, de um metro e setenta de altura. Sim, uma asiática! Certa vez, ouvindo o pastor Jack W. Hayford[4] no rádio, aprendi que devemos ser específicos em nossas orações. Então, segui o seu conselho. Naquele dia, acrescentei mais alguns detalhes à minha prece; pedi ao Senhor que me trouxesse alguém com aquela descrição e que também amasse Jesus acima de tudo. Dessa forma, eu teria certeza de que poderíamos sobreviver a qualquer crise. Bem, como você já deve ter percebido, Deus fez mais do que eu esperava! As pessoas que conhecem Lisa a descrevem como uma pessoa dotada tanto de uma certa inocência quanto de esplendor. Ela não é arrogante e tem uma confiança interior que só pode ser resultado de uma intimidade com o Pai. Também preciso acrescentar que, aos vinte e um anos, foi a segunda colocada no concurso de Miss Chinatown. Nada mal, não?

Lisa e eu nos conhecemos depois que frequentei a Hope Chapel por cerca de um ano. Como tinha de acordar cedo para cuidar da minha filha, Courtney, de dois anos de idade, frequentava o culto das oito horas da manhã no domingo. Havia uma reunião para jovens na sexta-feira à noite, mas nunca senti vontade de participar do "culto dos solteiros". Além disso, naqueles dias, eu costumava trabalhar à noite em um restaurante, ganhando cerca de cem dólares em gorjetas como manobrista.

---

[4] N. E.: Jack W. Hayford é um pastor, escritor, compositor e educador norte-americano, foi presidente internacional da Igreja do Evangelho Quadrangular entre 2004 e 2009 e atua como Chanceler da The King's University.

CAPÍTULO 3
"QUEM ESTÁ AO MEU LADO?": CONFIANDO EM PESSOAS-CHAVE PARA SEGUIR EM FRENTE

Depois de um tempo, meu melhor amigo, Brandon, que trabalhava comigo e havia me levado à igreja pela primeira vez, convenceu-me a ir à festa de Natal do ministério. Confesso que estava relutante em relação a isso. Não me sentia pronto para um namoro cristão e, sendo bem sincero, por algum motivo, não achava que as mulheres da igreja fossem bonitas. Sério! Como estava errado! Naquela festa, encontrei várias jovens solteiras e atraentes. Mas, antes que pudesse agradecer ao meu amigo por me tirar de casa, meus olhos se fixaram em uma jovem particularmente bonita.

Lisa estava sentada à mesa de registro, anotando o nome dos convidados antes de entrarem no salão. Tentei ficar calmo, mas alguma química começou a rolar entre nós. Entrei com Brandon e, embora estivesse passando por um processo de mudança profunda, meus velhos hábitos de quando ainda frequentava baladas vieram à tona. Eu estava me divertindo de verdade! A festa, então, chegou ao fim e, vejam só, encontramos Lisa e seus amigos em um restaurante local.

No dia seguinte, meu telefone tocou e logo atendi. Do outro lado da linha, ouvi: "Oi. Aqui é a Lisa. Lembra de mim?". Eu respondi: "Claro que me lembro. Como você está?". Depois de me dizer que estava bem (e eu pensar: **"Imagino que esteja mais do que bem, querida"**), ela me convidou para um encontro. "Eu queria saber se você gostaria de me acompanhar ao casamento da minha melhor amiga. Será no próximo fim de semana, mas o problema é que estou participando da organização, então você ficará com alguns dos meus amigos. Tudo bem?". Até então, eu nunca havia participado de um encontro no qual a pessoa com quem estava saindo não permanecesse ao meu lado durante todo o tempo.

Fiquei um pouco surpreso, pois, geralmente, era eu quem convidava a garota para sair, e não o contrário. Diante daquela situação, pensei: **"Essa moça não perde tempo..."**. Mais tarde, eu descobriria que, como ela trabalhava no departamento de solteiros da igreja, tinha acesso à lista de contatos dos membros.

Depois do choque inicial, disse a Lisa que talvez pudesse acompanhá-la. Folheei minha agenda de modo que ela ouvisse, então respondi que me organizaria para estar lá. Na verdade, estava muito animado para vê-la. Ela se encaixava com perfeição no que havia pedido a Deus! Não via a hora de o dia chegar.

No fim de semana, dirigi para uma parte desconhecida da ilha e, quando cheguei à igreja, a embreagem do meu Datsun B210 1982 quebrou. Você acredita? Que momento terrível. O pastor Ralph percebeu a situação de longe e notou que eu estava tendo alguns problemas com meu carro. Ele deve ter pensado: **"Quem é esse cara? Que perdedor"**. Eu estava tão envergonhado. Tento não me lembrar do que aconteceu com meu veículo naquele dia, ou na minha aparência quando cheguei à recepção.

Enfim, com o passar dos meses, Lisa e eu nos aproximamos mais, e logo estávamos apaixonados. Quando

CAPÍTULO 3
"QUEM ESTÁ AO MEU LADO?": CONFIANDO EM PESSOAS-CHAVE PARA SEGUIR EM FRENTE

começamos a namorar, ela trabalhava meio período para a Hope Chapel Kane'ohe, como administradora do ministério de jovens, e no balcão de maquiagem da Shiseido, em uma loja de departamentos. Além de ser manobrista em um restaurante chamado The Willows, eu também trabalhava na American Airlines, e tinha meu próprio negócio de marketing multinível.

Após contratempos em nosso relacionamento, incluindo o término e a volta, Lisa e eu nos casamos em 25 de setembro de 1993. O pastor Ralph foi quem conduziu a cerimônia. Eu havia passado em seu "teste", mas mal sabia o papel que esse homem ainda desempenharia em meu futuro.

UM CASAMENTO NADA NORMAL

Minha esposa e eu nos casamos em tempo recorde e, a partir dali, estávamos unidos pelo sagrado matrimônio. Queríamos dar início ao nosso futuro o mais rápido possível — eu, Lisa e Courtney, uma família recomposta[5]. Levando em conta o meu histórico, fiquei maravilhado com a bondade de Deus em minha vida.

Assim que os últimos convidados começaram a sair do salão de recepção, eu estava prestes a descer do

---

[5] N. E.: família recomposta é aquela constituída pelos pais e seus filhos, mas que conta com integrantes que possuem vínculos consanguíneos com apenas um dos pais.

palco com Lisa, quando o inimaginável aconteceu. O pastor Ralph veio até mim, apontou o dedo e disse: "Você deveria ser um pastor". Fiquei chocado! E, acredite, isso quase arruinou minha lua de mel. Por quê? Eu não queria ser pastor. Queria ser milionário! Pensava que, caso me dedicasse ao ministério, não poderia enriquecer. Porém, lá no fundo, sabia que Deus estava me chamando, e aquele momento com Ralph confirmou meus temores de que isso eventualmente aconteceria.

Acredito que ele tenha ouvido falar das vezes em que brincava de pregar ou cantar no púlpito da igreja, nos momentos em que o ambiente de cultos estava vazio. Ou, talvez, tivesse escutado sobre os frutos que Deus estava produzindo por intermédio da minha vida enquanto atuava como voluntário na Hope Chapel Kane'ohe. Sem mencionar que também estava me casando com a mulher que muitos consideravam a "Srta. Hope Chapel". Quando nos unimos, Lisa tinha acabado de se tornar a diretora do ministério infantil da igreja.

Hoje, olho para trás e me lembro dos dias que antecederam o convite ao ministério integral. Às vezes, até penso que meu casamento foi arranjado! E não daqueles em que fotos da noiva são enviadas a um jovem em viagem para a América. Não, foi como se o próprio Deus tivesse planejado o meu matrimônio visando algo bem maior no futuro — que, evidentemente, eu ainda não entendia naquela época. Mas agora tudo está muito mais claro! O Senhor estava nos unindo não apenas

CAPÍTULO 3
"QUEM ESTÁ AO MEU LADO?": CONFIANDO EM PESSOAS-CHAVE PARA SEGUIR EM FRENTE

por nos amarmos profundamente, mas porque havia um propósito superior, que se torna evidente a cada ano. Além de Jesus, Lisa foi e continua sendo a pessoa mais importante que tenho ao meu lado nesse "ringue de batalha", que é o pastoreio.

É claro que, como qualquer casal, tivemos nossos desafios durante os primeiros anos de casamento, e também suportamos o estresse de uma família recomposta. Por algum tempo, decidimos esperar para ter mais filhos. Após algumas temporadas de adaptação, o Senhor nos abençoou com Rebekah e, nove anos depois, com nossa caçula, Charis.

APROVEITANDO AO MÁXIMO AS PESSOAS AO SEU LADO

Seja em minha família ou ministério, sou muito grato pelas pessoas que tenho ao meu lado. Assim como na vida de um lutador profissional, creio que o Senhor coloque indivíduos específicos para caminhar e auxiliar-nos no decorrer da jornada. Alguns, em especial, desempenham um papel crucial, do mesmo modo como todo boxeador também depende de um treinador e um *cutman*[6].

Cumprindo uma função única e central em todos os esportes, o treinador é insubstituível e essencial. Ele encoraja, guia e motiva o pugilista; não apenas

---

[6] N. E.: profissional responsável por prevenir e tratar danos físicos de um lutador durante os intervalos entre os rounds.

enquanto a luta acontece, mas está envolvido em todas as etapas anteriores, desde a preparação técnica até o condicionamento e o combate em si. Ele é responsável, entre outras coisas, pela dieta e sono do atleta, por exemplo. Em certos casos, ele atua quase como seu guardião. Sem um treinador, os dias de qualquer lutador estão contados.

Existem momentos em que o treinador precisa impulsionar e até corrigir seu aprendiz. Anos atrás, quando ainda estava na equipe da Hope Chapel Kane'ohe Bay, passei por uma situação assim. Um dos líderes pediu que eu e outros dois voluntários resolvêssemos uma tarefa. Contudo, ele delegou algumas responsabilidades a nós, ainda que não fôssemos parte do seu departamento. De acordo com o padrão estabelecido na igreja, incumbências daquele tipo sempre eram direcionadas de cima para baixo, obedecendo à divisão e à hierarquia de cada grupo. Em outras palavras, cada responsável formava sua própria equipe e distribuía as funções entre os seus membros.

Porém, na minha opinião, aquela delegação era completamente lateral. "Você precisa construir seu próprio time", protestei. "Não vou me levantar às cinco da manhã para montar a livraria quando você mesmo pode fazer isso. Eu já acordo cedo quatro dias da semana para trabalhar no meu outro emprego na American Airlines. Você está louco se pensa que farei o que está pedindo...". Não me segurei nas palavras. Se essa

CAPÍTULO 3
"QUEM ESTÁ AO MEU LADO?": CONFIANDO EM PESSOAS-CHAVE PARA SEGUIR EM FRENTE

conversa tivesse acontecido em particular, entre quatro pessoas, por exemplo, não teria sido tão ruim. O problema é que tudo ocorreu em público (em uma lanchonete), na frente de outros colegas (quatorze membros da equipe), e com a presença dos meus superiores. O próprio pastor Ralph, alguém que eu considerava como meu treinador e mentor, estava ali.

Pensando nisso depois de tanto tempo, como gostaria de ter me controlado naquele momento. Ralph se inclinou da outra bancada e todos se afastaram. Ele olhou para mim e disse: "Você vai montar aquela livraria até Jesus voltar". De repente, a lanchonete ficou em silêncio. Tenho certeza de que essa situação ficará para sempre no folclore da Hope Chapel. Mas, sem dúvidas, aquele foi um momento em que eu precisava ser disciplinado, assim como um treinador faria com seu pugilista.

Há pouco tempo, Ralph pregou em um culto na nossa igreja. Relembramos publicamente o incidente e rimos. Enquanto ministrava, ele disse com seriedade: "A razão pela qual tomei aquela atitude foi porque o Michael Kai que eu conhecia, que dirigia um velho Jeep Cherokee com vazamento e fazia qualquer coisa a qualquer hora, corria o risco de se perder". Dirigindo-se à congregação, ele continuou: "Ele não estava agindo como o Michael que eu havia conhecido e contratado — ele estava sendo o oposto. Eu precisava chamar sua atenção e corrigi-lo". Graças a Deus pelos treinadores!

Voltando ao exemplo dos lutadores, outra pessoa que você precisa ter ao seu lado é um *cutman*, que cuida do boxeador enquanto o treinador dá instruções entre os rounds. Ele põe gelo no seu rosto machucado e estanca qualquer sangramento. Ao longo de uma luta, o boxeador está sujeito a uma gama variada de socos (*uppercut*[7], gancho de esquerda, *jab* de direita) em locais variados do corpo (cabeça, costelas, virilha). Imagine que, no quinto round, o pugilista estará espancado e ensanguentado, provavelmente, quase sem ar. Quando o gongo anuncia o próximo assalto, atleta, treinador e *cutman* se reúnem novamente durante alguns segundos para mais do mesmo. Após as instruções e atendimento médico, os competidores voltam a se enfrentar.

> CRISTÃOS SÃO MAIS FORTES QUANDO UNIDOS. PARECE CLICHÊ, MAS É VERDADE. PRECISAMOS UNS DOS OUTROS, POIS DEPENDEMOS DO CONSELHO E ENCORAJAMENTO DE NOSSOS IRMÃOS.

Por isso, você não precisa apenas de um treinador (mentor), mas também de um *cutman*. Aliás, você já conseguiu identificar quem são essas pessoas em sua vida? Quem é que examina a sua condição atual e corrige seus erros? Por favor, saiba que um grande *cutman*

---

[7] N. E.: golpe lançado para cima, com qualquer uma das mãos. O *uppercut* viaja no plano vertical, de baixo para cima, junto ao tórax do adversário e entra pela sua guarda em direção ao seu queixo.

CAPÍTULO 3
"QUEM ESTÁ AO MEU LADO?": CONFIANDO EM PESSOAS-CHAVE PARA SEGUIR EM FRENTE

não o deixará cuidar de suas feridas sozinho. Às vezes, você vai querer desistir, mas ele não permitirá que você insista nesse pensamento por muito tempo. Pelo contrário, ele o levantará do banco, dará um tapinha nas suas costas, dirá: "Pronto!", e o empurrará de volta para o meio do ringue.

Tive algumas pessoas importantes ao meu lado que exerceram esse papel em certos momentos da minha vida. Eclesiastes 4.12 diz: "Se alguém quiser dominar um deles, os dois poderão resistir; o cordão de três dobras não se rompe com facilidade". Cristãos são mais fortes quando unidos. Parece clichê, mas é verdade. Precisamos uns dos outros, pois dependemos do conselho e encorajamento de nossos irmãos. Antes mesmo que eu fosse salvo por Cristo, minha família já estava ao meu lado. Os anos mais difíceis e dolorosos da minha vida aconteceram quando eu não conhecia Jesus. Estremeço ao pensar onde Courtney e eu estaríamos hoje — e quem nos tornaríamos — se não fosse pelos sacrifícios da minha mãe e do meu pai. Na verdade, todos os meus parentes reajustaram suas rotinas para me ajudar a ter sucesso e superar a dor e o abandono que sofremos. Sou muito grato a eles, e choro enquanto escrevo sobre isso.

> **CERTIFIQUE-SE DE TRAZER AS PESSOAS CERTAS PARA PERTO DE VOCÊ. SE OLHAR À SUA VOLTA, PROVAVELMENTE, IRÁ SE DEPARAR COM ELAS.**

E então, quem está ao seu lado? Se você tem o que descrevi nas últimas linhas, sabe o quanto isso é bom e fundamental. Contudo, se ainda não experimentou algo assim, permita-me oferecer alguns conselhos. Primeiro, certifique-se de trazer as pessoas certas para perto de você. Se olhar à sua volta, provavelmente, irá se deparar com elas. A melhor maneira de encontrar conexões de confiança é cultivando boas amizades (cf. Provérbios 18.24). São aqueles com quem você tem a química certa, que "dão liga" com a sua personalidade. Além disso, busque os indivíduos de bom caráter,

> SE AS PESSOAS AO SEU LADO LHE DARÃO CONSELHOS E TERÃO VOZ ATIVA EM SUAS DECISÕES, VOCÊ DEVE SE CERTIFICAR DE QUE ESSAS ORIENTAÇÕES E PALAVRAS SÃO CONSISTENTES.

porque o comportamento deles em sua vida privada refletirá em sua vida pública. Pense que, se as pessoas ao seu lado lhe darão conselhos e terão voz ativa em suas decisões, você deve se certificar de que essas orientações e palavras são consistentes.

Com certeza, você consegue pensar em mais algumas qualidades para esses parceiros, mas a coisa mais importante a se fazer é orar para que eles se apresentem. Além disso, é crucial entender, também, que diferentes momentos trarão companhias distintas. Aqueles que estiveram ao meu lado dez anos atrás não são os mesmos que estão hoje. Haverá um papel e uma estação para cada

CAPÍTULO 3
"QUEM ESTÁ AO MEU LADO?": CONFIANDO EM PESSOAS-CHAVE PARA SEGUIR EM FRENTE

indivíduo em sua existência, pois as pessoas vêm e vão. Alguns permanecerão por muito tempo, como Samuel esteve presente na vida de Davi (cf. 1 Samuel 16.1-13, 1 Samuel 19.18-24), que era apenas um adolescente quando foi ungido rei pelo profeta.

Samuel também estava ao lado de Davi no início da sua vida adulta, e foi seu conselheiro até falecer (cf. 1 Samuel 25.1). Mesmo assim, quando alguns vão embora, o Senhor pode providenciar outros em seu lugar. Após ser coroado rei de Israel, Natã, outro profeta, cumpriu esse papel no governo de Davi (cf. 2 Samuel 7.1-17, 2 Samuel 12.1-14). Zadoque e Abiatar, ambos sacerdotes, assim como o profeta Gade, também desempenharam funções semelhantes ao longo de sua trajetória.

Lembre-se de que o Senhor sabe com quem você precisa caminhar em sua jornada. Por isso, continue orando, mantenha os olhos abertos e logo descobrirá quem são essas pessoas.

Capítulo 4

A FORMAÇÃO DE UM BOXEADOR PROFISSIONAL: AS PRIMEIRAS LIÇÕES DE FIDELIDADE

> *Pois será como um homem que, ausentando-se do país, chamou os seus servos e lhes confiou os seus bens. A um deu cinco talentos, a outro deu dois e a outro deu um, de acordo com a capacidade de cada um deles; e então partiu.* (Mateus 25.14-15)

A confiança é essencial em nossa comunhão com o Senhor. Pense nisto: Ele nos entregou dons, talentos, finanças, relacionamentos, bens materiais e muitas outras coisas das quais somos encarregados. Em nosso caso, Jesus delegou à Lisa e a mim a responsabilidade de cuidar de uma pequena porção da Sua Noiva, mais especificamente, a Hope Chapel West O'ahu; a saúde desse rebanho, a administração das suas economias, os sonhos e os objetivos das pessoas que fazem parte da nossa comunidade — e assim por diante — são nossas incumbências. E sobre esse compromisso, a Palavra de Deus deixa claro: "[...] **A quem muito foi dado, muito será exigido** [...]" (Lucas 12.48 – KJA – grifo nosso). Isso significa que, ao fim de nossa trajetória, haverá uma "contabilidade" para averiguar o que fizemos com o que recebemos.

Se você está em uma posição de liderança, é sua responsabilidade liderar sua equipe, negócio ou organização com justiça e plenitude. Caso participe do grupo de louvor, cantando ou tocando um instrumento, recebeu o dom de conectar e levar as pessoas à presença do Senhor, e deve administrar esse talento com sinceridade e excelência (cf. Salmos 78.72). Ou, então, se recebeu a capacidade de gerir negócios, obter lucro, e foi abençoado com a aptidão para o empreendedorismo, foi-lhe **confiada** a habilidade de multiplicar os frutos do seu trabalho. Além disso, você também precisa entender a necessidade de estender a mão generosamente a quem carece de recursos financeiros, ou, talvez, ensinar outros a agirem dessa forma, para que o Reino de Deus se expanda em cada uma das áreas de influência. Em todo caso, qualquer que seja o seu chamado, Jesus ensinou: "[...] a quem muito foi dado, muito será exigido; e a quem muito foi confiado, muito mais ainda será requerido" (Lucas 12.48 – KJA). Preste atenção: "Dado – exigido", "confiado – requerido". Existe uma causa e um efeito. Se algo lhe foi dado ou confiado, muito mais será exigido ou requerido de você por causa disso.

CAPÍTULO 4
A FORMAÇÃO DE UM BOXEADOR PROFISSIONAL: AS PRIMEIRAS LIÇÕES DE FIDELIDADE

Contudo, existe uma diferença entre o que é dado e o que é confiado a cada um. É o caso dos nossos corpos, que foram dados por Deus. Mesmo que seja algo "gratuito", existem certas obrigações envolvidas. Se eu parar de cuidar da minha saúde e integridade física, ainda que o Senhor não peça o meu corpo de volta, uma hora ou outra haverá consequências (doenças e outras condições adversas). Somos responsáveis por tudo que nos é dado.

Quanto ao que é confiado a nós, normalmente trata-se de algo estimado pelo coração do Senhor. Sendo assim, a responsabilidade é ainda maior. Relacionamentos, por exemplo, nos são entregues. E, se pararmos de investir neles, poderemos perdê-los. O mesmo acontece quando Deus nos chama para o cuidado da Sua Igreja. Nosso dever é administrá-la bem, correndo o risco de ferir pessoas e perder aquilo que está em nossas mãos quando não levamos essa função a sério.

Olhe com atenção para as coisas ao seu redor e verá tudo o que lhe foi dado. Honestamente, acho que ninguém pode dizer que não recebeu nada. Você tem filhos? Um trabalho? Um passe de ônibus? Uma dor de barriga? Então você recebeu algo! (Claro que a menção à dor de barriga é uma brincadeira).

Algumas outras coisas concedidas por Deus também são gratuitas, como a Graça e a salvação. Isso não tem nada a ver com nosso desempenho anterior ou histórico, nem com o quão bom ou ruim já fomos. Por quê? Porque não podem ser conquistadas. Paulo escreveu: "Porque o salário do pecado é a morte, mas o dom gratuito de Deus é a vida eterna em Cristo Jesus, nosso Senhor" (Romanos 6.23). Ou seja, a salvação é o dom gratuito que nos é dado, para o qual não contribuímos com nada. E, mais uma vez, por quê? Porque é grátis e não se pode conseguir por meio de esforço algo que nos foi dado de livre e espontânea vontade. Uma vez li o seguinte tweet, que citava William Temple[1]: "Nossa única contribuição para a salvação é o pecado que a torna necessária".

Mesmo assim, você pode estar pensando: **"Pouco me foi dado. Eu tive de trabalhar duro para conquistar tudo o que tenho"**. A verdade é que, sem Deus, você não poderia fazer nada. Deuteronômio 8.18 diz: "[...] lembrem-se do Senhor, seu Deus, porque é ele quem lhes dá força para conseguir riquezas [...]". #FEITOPORDEUSNÃOPORMIM.

Ainda que você seja capaz de fazer o que faz, o Senhor eleva a outro patamar o ato de "dar": o de "confiar". E, dependendo do seu grau de responsabilidade com o que lhe foi entregue, coisas ainda mais preciosas ao coração de Deus passarão a ser concedidas a você. Ser alguém digno de confiança significa ser consciente e sensato. Isso quer dizer que, ao longo da caminhada,

---

[1] N. E.: William Temple (1881-1944) foi um sacerdote anglicano que serviu como Bispo de Manchester, Arcebispo de York e Arcebispo de Cantuária.

CAPÍTULO 4
A FORMAÇÃO DE UM BOXEADOR PROFISSIONAL: AS PRIMEIRAS LIÇÕES DE FIDELIDADE

nosso nível de compromisso será testado. Observe que não somos confiados com algo mais importante até que tenhamos provado ser dignos de tal.

Por exemplo, antes que meu pai me permitisse dirigir o carro da família nos fins de semana, tive de provar a ele que conseguia guiar com segurança, que o devolveria em boas condições e ajudaria na sua manutenção. Como eu era um bom motorista e tratava o veículo como se fosse meu, nunca fui impedido de usá-lo. Por outro lado, se tivesse entregado o carro com o tanque vazio, sujo ou arranhado em alguma ocasião, meu pai não me julgaria confiável e nunca o emprestaria. Como tinha um histórico de credibilidade, conquistei o privilégio de usar o veículo diversas vezes, desde que permanecesse responsável.

Nessa experiência, percebo duas questões que remetem ao ensinamento de Jesus: a primeira é que recebemos algo. Observe, no entanto, que há um segundo passo; alguma coisa a mais também nos é **confiada**. Sim, Cristo disse: "[...] a quem muito foi dado, muito será exigido [...]" (Lucas 12.48 – KJA), mas, então, Ele acrescentou: "[...] e a quem muito foi confiado, **muito mais** ainda será requerido" (Lucas 12.48 – KJA – grifo nosso).

A palavra grega para "dado" é *didomi*, que significa **dar ou fornecer algo a alguém por vontade própria, uma doação**. Em outras palavras, algo foi fornecido a você e **para você**, a fim de que alguma coisa aconteça por meio daquilo que lhe foi entregue. Nós recebemos algo! *Didomi*.

Logo, passamos para o próximo nível quando algo é confiado a nós. Essa coisa, seja ela o que for, não é nossa. Pertence a outra pessoa. Isto é, nós nos "comprometemos com o que pertence a outro". Assim, muito me foi dado, e muito me foi concedido. É um presente. *Didomi*. E porque muito tem sido *didomi* a mim, muito também será exigido. "Muito", no grego, é a palavra *polus*, como em **muitos**. A próxima palavra nesse versículo é "mais", e podemos concordar que ela aumenta a intensidade do "muito". "Mais", no grego, é *perissoteros*, ou **"além e acima, mais do que é necessário, superior, superabundante"**. Você consegue entender, caro leitor? Se muito lhe foi dado, muito será exigido de você. Contudo, se muito lhe foi confiado, e houve um comprometimento seu, muito mais será requerido!

> NÃO IMPORTA O QUANTO TENHAMOS RECEBIDO, SEJA UMA QUANTIA DO TAMANHO DE UM GRÃO DE MOSTARDA OU O EQUIVALENTE A UMA COLHEITA COMPLETA, É NOSSO ENCARGO SERMOS BONS ADMINISTRADORES.

Além disso, a palavra "exigido" (*baqash,* no grego) também é traduzida como "**demandado**". Ou seja, a quem muito é dado, muito é demandado. Mas não é somente isso! Na minha opinião, a palavra-chave nessa

CAPÍTULO 4
A FORMAÇÃO DE UM BOXEADOR PROFISSIONAL: AS PRIMEIRAS LIÇÕES DE FIDELIDADE

passagem é "quem". E ela se refere a mim e a você; ou melhor, a qualquer um que fez um compromisso.

Jesus está colocando sobre nós a responsabilidade por tudo o que Ele nos deu e confiou. Não importa o quanto tenhamos recebido, seja uma quantia do tamanho de um grão de mostarda ou o equivalente a uma colheita completa, é nosso encargo sermos bons administradores. E, se tivermos o privilégio de sermos "incumbidos" de algo (liderança, dinheiro, pessoas, tempo), muito mais será requerido de nós. *Uau!* Deixarei você digerir essa informação por um momento.

Agora, permita-me fazer a seguinte pergunta: o que você está fazendo com o que tem?

EM DIREÇÃO A UMA VIDA DEPENDENTE DE DEUS

Aprendi duas lições na infância: dinheiro não cresce em árvores [é preciso trabalhar para tê-lo]; e fidelidade é algo essencial. Quando meus pais distribuíam a mesada, eu pensava: **"Isso não vai durar muito na minha mão"**. Não me entenda mal, eu era grato pelo que recebia; mas logo pensava em como ganhar mais. Você sabia que todo mês havia uma competição feroz entre meus irmãos e eu para descobrir quem ganharia a mesada mais alta? Mesmo assim, compreendi que auxiliar nos mesmos serviços não é a garantia de receber a mesma quantia de dinheiro. Semelhantemente à parábola dos talentos, nem sempre recebíamos o que pensávamos merecer.

POUND FOR POUND:
CHAMADOS PARA DAR FRUTOS

Keoni me venceu por dois anos, um mês e vinte e dois dias. Embora ele fosse um pouco mais alto do que eu, tínhamos basicamente as mesmas tarefas domésticas. Em uma semana, ele cortava a grama; na semana seguinte, era a minha vez. Em uma semana, ele lavava os carros; na outra, eu era o responsável. Todavia, quando mamãe entregava nossas mesadas, Keoni ganhava um Andrew Jackson[2] (nota de vinte dólares), enquanto eu, tendo desempenhado funções iguais (e bem melhor, diga-se de passagem), recebia um Alexander Hamilton[3] (nota de dez dólares). E, assim, percebi que nem todos teremos o que achamos merecer.

Isso fez com que eu procurasse ganhar meu próprio dinheiro fora de casa — meu gosto por tênis de basquete também era um belo incentivo. Nós não éramos ricos. Eu ouvia meus pais discutirem sobre finanças e como se manter com pouco dinheiro. Por isso, além da minha mesada, nunca exigi qualquer centavo deles, pois não queria sobrecarregá-los. Decidi que, se quisesse satisfazer meu desejo de ter uma boa aparência e me sentir bem, teria de conseguir um emprego, mesmo tendo apenas dez anos de idade.

---

[2] N. E.: Andrew Jackson (1767-1845) foi um militar, advogado e político americano que serviu como presidente dos Estados Unidos de 1829 a 1837.

[3] N. E.: Alexander Hamilton (1755-1804) foi um estadista, político, acadêmico, comandante militar, advogado, banqueiro e economista americano.

CAPÍTULO 4
A FORMAÇÃO DE UM BOXEADOR PROFISSIONAL:
AS PRIMEIRAS LIÇÕES DE FIDELIDADE

Tive todos os tipos de empregos que você possa imaginar. Já colhi nozes de macadâmia, recebendo vinte e cinco centavos por cada cinco baldes. Isso durou apenas duas semanas. Depois, tentei ser babá. Eu sabia lidar muito bem com as crianças mais tranquilas e obedientes. Quando a notícia se espalhou, passei a receber várias ligações em busca dos meus serviços. Ainda que o termo *cottage industry* ("indústria caseira", em português) não existisse, começar uma aos onze anos de idade foi bem emocionante! Até que, um dia, um jovem casal com um filho de quatro anos e outro de dois ouviu falar dos "serviços de babá altamente cotados de Michael Kai". Minha mãe me deixou na casa deles, recebi algumas instruções rápidas, e lá foram os dois a uma festa, enquanto eu esperava que aquela seria uma noite de dinheiro fácil para mim.

Como eu estava errado! Nada naquela noite saiu como planejado. Aqueles dois meninos estavam fora de controle. Olhando para o cais a cada dez minutos, fiquei à beira de um colapso mental. Foi quando concluí que não precisava daquilo. Afinal, o que um menino de onze anos fazia cuidando de criancinhas? "**Meninas devem fazer isso**", pensei. Aquele foi o fim da minha empreitada caseira.

No mesmo período, meu irmão Keoni, que trabalhava para um jornal local, decidiu tirar um tempo de descanso. Portanto, peguei o lugar dele. Aprendi a dobrar as folhas e colocá-las na bolsa estampada com a inscrição "Hawaii Tribune Herald". A vantagem desse trabalho era ganhar trinta dólares por mês. Isso era muito dinheiro para mim naquela época. Mas aquele também era um serviço muito árduo. Todas as tardes, logo depois da aula, pegava uma sacola cheia, com cento e cinquenta jornais, e saía de bicicleta para entregá-los de porta em porta. Andava mais de um quilômetro e meio por uma estrada perigosa chamada Hawaii Belt Road; ela tinha duas pistas, onde caminhões e ônibus de turismo passavam a cem quilômetros por hora. Eu pedalava até o topo de uma ladeira, depois começava a descer lentamente, entregando cada exemplar com profissionalismo e excelência. Isso durou cerca de um mês, até que Keoni reassumiu o seu posto.

> QUANDO VOCÊ SENTE QUE "PAGOU O PREÇO" E POR ISSO GANHOU O QUE TEM, A TENDÊNCIA É PENSAR QUE POSSUI O DIREITO DE FAZER TUDO DO SEU JEITO.

Embora nenhum desses trabalhos fosse um compromisso de longo prazo, eles, com certeza, ensinaram-me o valor de um dólar. Porém, mais importante do que isso, valores espirituais de fidelidade e produtividade foram forjados em mim. Essas oportunidades de crescimento pessoal serviram de fundamento a mim muito antes de decidir viver na dependência de Deus.

Todas as lições que aprendi naquela temporada me ajudaram durante meus anos de separação; um

CAPÍTULO 4
A FORMAÇÃO DE UM BOXEADOR PROFISSIONAL: AS PRIMEIRAS LIÇÕES DE FIDELIDADE

intervalo importante que antecedeu minha conversão ao Evangelho.

ENTRANDO NO RINGUE

O problema era que essas minhas primeiras experiências de trabalho me deram uma falsa impressão de controle sobre meu futuro. Quando você sente que "pagou o preço" e por isso ganhou o que tem, a tendência é pensar que possui o direito de fazer tudo do seu jeito. Eu caí nessa armadilha! A tenacidade que havia desenvolvido como força estava agora em perigo de se tornar a raiz da minha fraqueza. Só posso imaginar que tipo de vida eu teria hoje, se não tivesse obedecido ao chamado do Senhor para mim. Se houvesse seguido meu próprio caminho, decidido fazer a minha versão do que era melhor, sem dúvidas não me sentiria tão realizado quanto me sinto hoje. A obediência tem suas vantagens.

Lisa e eu estávamos casados há menos de um ano quando comecei a sentir um forte impulso para deixar meus planos para os próximos meses de lado. Como mencionei, além de trabalhar em dois empregos, também era envolvido com um negócio de marketing multinível (MMN). Independentemente do que pensem a respeito disso, minha experiência nessa área provou ser inestimável. Por um lado, aprendi o valor da leitura. Até então, havia lido poucos livros na minha vida inteira. Agora, porém, eu amo ler. Também aprendi a falar em público e, sobretudo, desenvolvi uma atitude empreendedora que me ajuda até os dias atuais.

Assim, tentei colocar meus planos originais aos pés do Senhor. No entanto, ainda restava um dilema: enquanto Deus me puxava e conduzia em uma direção, eu resistia e olhava para outra. Não conseguia me libertar do meu negócio, pois ainda estava muito apegado a ele. Passei cinco longos anos lutando e me esforçando para fazer aquele empreendimento dar certo e, sendo bem sincero, pensava que deveria ter tido mais sucesso. Eu era diligente e trabalhador, e achava que sabia o que estava fazendo. Olhava ao redor e culpava qualquer coisa, ou qualquer um, pela minha falta de progresso — minha esposa, minha família, e até meu cachorro!

> **OS CRISTÃOS MAIS FRUSTRADOS E INSATISFEITOS SÃO AQUELES QUE SABEM DO SEU CHAMADO PARA UM NOVO TEMPO OU NÍVEL EM SUAS VIDAS, PORÉM FOGEM DESSA RESPONSABILIDADE.**

Frustrado, clamava a Deus: "Senhor, por que não estou progredindo? Faço tudo o que todo mundo costuma fazer e muito mais! Por que isso não está dando certo como eu quero?". Tentei manter uma perspectiva positiva, mas, apesar de todo o meu trabalho, fiquei estagnado no mesmo lugar, preso àquela visão

CAPÍTULO 4
A FORMAÇÃO DE UM BOXEADOR PROFISSIONAL:
AS PRIMEIRAS LIÇÕES DE FIDELIDADE

entediante. Era como se corresse em uma esteira chamada "o caminho mais rápido para o sucesso". Ironicamente, durante esse tempo, comecei a pensar de modo mais profundo no ministério e nas coisas de Deus. Meu anseio de servir ao Senhor e Seu povo aumentou, enquanto tentava trabalhar cada vez mais em meus planos de negócios. Estava em um cabo de guerra entre meus desejos e a vontade divina.

Não passou muito tempo até descobrir que é inútil lutar contra Deus. Acredito que os cristãos mais frustrados e insatisfeitos são aqueles que sabem do Seu chamado para um novo tempo ou nível em suas vidas, porém fogem dessa responsabilidade. Isso se chama desobediência, e era exatamente o que eu estava fazendo. Deus, em Sua misericórdia e graça, continuou a me abençoar, porém eu ainda tentava fazer as coisas do meu jeito. C. S. Lewis disse certa vez: "Existem dois tipos de pessoas: aquelas que dizem a Deus: 'Seja feita a Tua vontade', e aquelas a quem Deus diz: 'Tudo bem, então, faça do seu jeito'"[4]. Eu pertencia ao último grupo. E continuei realizando as coisas como achava melhor. Tratei o dilema entre viver minha vontade ou os planos do Senhor como se estivesse no balcão do Burger King, naquele antigo comercial dos anos 1970, no qual tocava ao fundo: **"Remova o picles, remova a alface, pedidos especiais não nos incomodam... Peça como quiser!"**. Fiquei obcecado por agir

---

[4] C. S. Lewis, *The screwtape letters*, 1943.

da minha maneira, e ainda orava: "*Oh*, Senhor, por favor, abençoe meus planos!". Claro que isso seria inviável, pois, no fundo, queria fazer as coisas do **meu jeito**, em vez de obedecer-Lhe. Mas Ele não desejava nada disso. Logo, eu percebi que a desobediência não nos levava a lugar nenhum. Senti-me muito insatisfeito com as coisas que estava vivendo.

Deixar tudo para trás não foi fácil. Na verdade, foi bem doloroso. A sensação de que eram meus últimos dias naquela área específica de negócios tornou-se cada vez mais evidente durante esse período. Mas, obviamente, era muito mais fácil falar do que fazer. Surpreendentemente, a decisão de largar tudo foi bastante simples, se comparada à dificuldade de lidar com meus pensamentos aflitos.

Comecei a ter sintomas de abstinência e a me sentir inseguro sobre o que as pessoas pensavam a meu respeito. Sentia falta dos relacionamentos que desenvolvi ao longo dos anos, e estava ansioso. Olhando para trás, posso ver que o Senhor permitiu que essas circunstâncias ocorressem para me fazer tomar uma decisão. No decorrer desse processo, aproximei-me d'Ele como não fazia há muito tempo. O que eu não imaginava, no entanto, era que o futuro seria promissor. Após alguns anos, percebi que a dificuldade que experimentei naqueles dias serviram para me fazer enxergar o quanto eu era escravizado por algo que foi motivo de satisfação por tanto tempo: o trabalho.

CAPÍTULO 4
A FORMAÇÃO DE UM BOXEADOR PROFISSIONAL: AS PRIMEIRAS LIÇÕES DE FIDELIDADE

O PONTO DE ESTAGNAÇÃO

Você pode estar pensando: **"Escravizado? Isso é um pouco exagerado, não é, Mike?"**. Minha resposta é: não! E aqui está o porquê: se você não consegue se livrar de algo que impede o chamado de Deus em sua vida, isso se tornou seu mestre e você perdeu o controle da situação. O que domina seu tempo, pensamento, dinheiro ou coração se torna seu mestre. E, dependendo da sua relação com ele, está sendo mantido em escravidão.

É simples. Se você tem um namorado ou namorada, com quem já sabe que deve terminar, mas não consegue, ou é incapaz de parar de pensar nele(a), mesmo sabendo da necessidade de se livrar desse sentimento, então você é escravo dessa pessoa. Se você está gastando dinheiro com pornografia e, além disso, seu desejo sexual e intimidade com seu cônjuge são afetados, ou se é levado a ter relacionamentos fora dessa aliança sagrada, você é um escravo disso. Por quê? Porque não conseguir se desprender de algo é sinal de dependência. Nosso Deus chama isso de pecado. E nem precisa ser uma substância ou um indivíduo. Pode ser uma profissão, um negócio, uma mentalidade ou uma filosofia. Qualquer coisa que se coloque à frente do Senhor, **opõe-se a Ele** e, portanto, deve ter um fim. Durante esse processo de libertação, talvez você deseje voltar atrás e até enfrente algumas recaídas, contudo, se for capaz de resistir, terá a vitória e a vida que foi chamado para viver.

Sobre esse assunto, aprecio a analogia com a prática de atividades físicas. Gosto de malhar para cuidar do corpo que o Senhor me deu. Houve um tempo na minha vida em que "maximizar" o treino era importante para mim. Esse não é mais o caso. Mas, quando isso era fundamental, sempre chegava um momento das séries em que eu precisava da ajuda de alguém. Todas as vezes em que não conseguia levantar os pesos mais altos do que o necessário, por exemplo, alguma pessoa oferecia ajuda e me incentivava a continuar. Na musculação, isso é chamado de ponto de estagnação. Você não pode ir além desse estágio sem o auxílio de um amigo. Entretanto, com a ajuda precisa, a barra pode ser trazida para sua posição original, evitando possíveis acidentes. Com assistência, você consegue exercitar seus músculos ao máximo, condicionando-os a ultrapassar os períodos de inércia durante os exercícios. No meu caso, o ponto de estagnação da minha vida era o empreendedorismo. Um conselho que posso lhe dar é: supere o seu e alcançará um nível que nunca pensou ser possível.

> **AS PESSOAS MAIS FELIZES E REALIZADAS SÃO AQUELAS QUE ESTÃO FAZENDO O QUE FORAM CHAMADAS PARA FAZER.**

As pessoas mais felizes e realizadas são aquelas que estão fazendo o que foram chamadas para fazer.

CAPÍTULO 4
A FORMAÇÃO DE UM BOXEADOR PROFISSIONAL: AS PRIMEIRAS LIÇÕES DE FIDELIDADE

Elas são mais alegres, porque estão experimentando o prazer e o favor de Deus em suas vidas. Você se vê nessa categoria ou fugiu do seu propósito? No momento em que, finalmente, abandonei meus planos e superei o meu ponto de estagnação, o Senhor começou a trabalhar em minha vida de maneiras maiores do que eu poderia imaginar.

O MINISTÉRIO THE HONEYMOONERS

Quando entrei para a equipe da Hope Chapel Kane'ohe Bay, reportei-me diretamente a Rob McWilliams, que hoje é um dos meus amigos mais próximos. Ralph me contratou, mas era Rob quem enfrentava o cotidiano comigo. Foi Ralph quem me discipulou, porém Rob era a pessoa que me orientava dia após dia. Não fui convidado para o ministério porque tinha um certificado de uma faculdade bíblica, ou de um seminário. O Senhor me chamou enquanto eu estava ocupado fazendo **algo**, que era conduzir com fidelidade a igreja aos finais de semana, e servir como pastor ou supervisor da mini-igreja (pequenos grupos). Fui fiel a essas designações ministeriais, e frutos eram gerados. Isso chamou a atenção dos líderes ao meu redor.

Ao entrar para aquela equipe, tive a oportunidade de criar um ministério para casais jovens chamado The Honeymooners (ou "Casal em lua de mel", em português).

Fiquei muito agradecido por participar daquilo, vivendo o sonho de ser um "assistente pastoral". Até tentei fazer com que Rob mudasse meu título para pastor assistente, que seria um grau superior, porém ele respondeu que a minha atribuição atual já era suficientemente elevada. Trabalhando ao lado de minha nova noiva e parceira na vida, Lisa, comecei a servir na construção desse novo projeto. Organizei acampamentos e bailes. E, o mais importante, reuni duas mini-igrejas, multiplicando ambas para que se tornassem quatro; e, depois essas quatro, para se tornarem oito, e assim por diante. Quando o Senhor me chamou para sair do The Honeymooners, tínhamos dez mini-igrejas, e eu me diverti muito ao longo desse processo de crescimento. Esse exercício de multiplicação em pequenos grupos seria tecido em nosso DNA anos depois, na Inspire Church. As coisas iam bem naquele tempo, e todos estavam felizes. Contudo, fiz uma caminhada que mudou a minha vida.

UMA CAMINHADA CURTA EM DIREÇÃO A UMA LONGA DISTÂNCIA

Depois da minha saída do ministério The Honeymooners, Ralph me encontrou na igreja, em um domingo, no intervalo entre os cultos. Ele falou: "Vamos dar uma volta". Fiquei nervoso de verdade com aquele convite. Muitas coisas passam pela nossa mente quando nosso chefe diz que quer conversar conosco,

CAPÍTULO 4
A FORMAÇÃO DE UM BOXEADOR PROFISSIONAL:
AS PRIMEIRAS LIÇÕES DE FIDELIDADE

não é mesmo? Ele me advertiria? Daria uma de Donald Trump[5] para cima de mim?

Então, finalmente, disse enquanto andávamos: "Eu preciso que você assuma o ministério de jovens". No fundo, sentia que nossa conversa seria sobre isso. Só não pensava em me tornar um pastor daquela geração, pois não suportava os adolescentes do ensino médio. Eles eram imaturos, egoístas e irritantes. Mas Deus estava começando a despertar em mim a ideia de um dia me tornar um pastor sênior. Logo, o Senhor começou a me mostrar repetidas vezes que, se fosse fiel com tudo o que me desse, Ele me encarregaria de muito mais. Por isso, disse "sim" ao chamado divino, assumindo aquela nova incumbência.

Olhando para meus dias como pastor de jovens, devo dizer que aproveitei cada minuto. Adorava pregar para eles, contemplar os frutos que resultavam dos nossos retiros, e ver vidas entregues a Jesus. A sensação era a de dirigir uma igreja sem toda a responsabilidade de um pastor sênior. Aprendi muito nos quatro anos em que exerci esse ministério. O pastor Ralph confiou em mim; aliás, ele **me confiou** a vida da próxima geração da nossa comunidade.

---

[5] N. E.: Donald John Trump (Nova York, 14 de junho de 1946) é um empresário, personalidade televisiva e político americano que serviu como o 45.º presidente dos Estados Unidos. Figura excêntrica, ele também apresentou e produziu o programa O Aprendiz, em que ficou conhecido pelas broncas que dava em alguns participantes.

Passei a amar ainda mais o que fazia para o Senhor. O que antes não gostava de liderar, tornou-se uma das paixões da minha vida. Quando assumi aquele departamento, dediquei-me para equipar e capacitar cada pessoa sob o meu cuidado. Foi um trabalho árduo e muito gratificante. Fiquei muito satisfeito por conseguir ser fiel ao que o Senhor havia me confiado. Depois de cinco anos frutíferos, envolvido nesse compromisso, Deus fez algo inesperado que me deixou pensativo com relação ao que aconteceria no futuro.

UM VISLUMBRE DO FUTURO

Até 1999, nunca havia conhecido um profeta e, sendo bem sincero, sequer me interessava em receber uma palavra profética. Eu tinha uma compreensão limitada a respeito desse dom, ou da função desse ministério. Embora viesse de uma denominação pentecostal, na época eu não entendia muito bem as questões relacionados ao Espírito Santo.

Não seria justo da minha parte dizer que nunca tinha presenciado alguém receber uma profecia, porque isso aconteceu, porém ocorreu distante de mim, em uma convenção. Até aquele momento, havia recebido palavras de encorajamento e, às vezes, entregavam-me uma palavra de conhecimento. Normalmente, era o pastor Ralph quem fazia isso. Mas alguém me entregar uma profecia? Nunca.

CAPÍTULO 4
A FORMAÇÃO DE UM BOXEADOR PROFISSIONAL:
AS PRIMEIRAS LIÇÕES DE FIDELIDADE

Lisa e eu viajamos para a Ilha Havaí juntos, com alguns funcionários da nossa igreja, para uma conferência da International Church of the Foursquare Gospel Northwest District. Essa denominação foi fundada por uma das mulheres mais incríveis e influentes da história dos Estados Unidos, a falecida Aimee Semple McPherson. A "Irmã Aimee", como era carinhosamente conhecida, foi uma evangelista ungida e poderosa que atuou entre os anos de 1920 e 1930, viajando pela América e conduzindo avivamentos. Ela colocava uma barraca em seu carro e dirigia de uma cidade para outra, conforme o Espírito Santo lhe orientava. Milhares de homens e mulheres entregaram suas vidas a Jesus nos encontros de evangelismo e cura que ela promovia. Com o tempo, ela se estabeleceu na área do Echo Park, em Los Angeles. No meio dos anos mais sombrios da Grande Depressão[6], a irmã Aimee realizou o impossível, construindo o Templo de Angeles, que acomoda cinco mil pessoas até hoje. Seus cultos tão inovadores eram frequentados por pessoas da indústria de Hollywood, que iam para ouvir seus sermões e buscar inspiração para novas ideias. Talvez você se lembre da velha canção *Hurray for Hollywood*. Ouça com atenção e você

---

[6] N. E.: a Grande Depressão, também conhecida como Crise de 1929, foi a maior crise financeira da história dos Estados Unidos. Durou cerca de 10 anos e impactou o mundo inteiro, as principais consequências foram: declínio produtivo e industrial, desemprego em massa, crise bancária e aumento nos índices de pobreza.

perceberá o nome dela sendo mencionado após a citação da atriz Shirley Temple[7]. McPherson realmente foi uma pioneira, que sustentou e edificou uma igreja durante a Crise de 1929.

Na conferência que fomos participar, estava uma profeta chamada Jean Darnall. Fomos convidados a sentar com a irmã Jean em uma sala com outros cinco casais. Ficamos bem na frente dela. Ao lado do nosso pequeno grupo, havia uma secretária com um gravador. Antes mesmo de ela começar a falar, sentia medo pelo que poderia sair de sua boca. Ao mesmo tempo, estava muito curioso e animado. Até aquele momento, era cético e um pouco cínico. Tudo em consequência da minha falta de compreensão. Mas logo percebi que não havia motivo para ter qualquer receio. A irmã Jean já era uma senhora idosa. Quem poderia se sentir ameaçado por uma doce velhinha?

Ela olhou para mim e pronunciou: "Você pode vender sorvete para os esquimós" e "Eu vejo você de pé em cima de um caixote[8], em um cruzamento movimentado com um megafone na mão, e a palavra que estou recebendo é 'amplificado ou transmitido'". Então, ela continuou: "Diga-me, você está na TV ou no rádio?".

---

[7] N. E.: Shirley Temple Black (1928-2014) foi uma atriz, dançarina, cantora e diplomata norte-americana.

[8] N. E.: soapbox — ou "caixa de sabão", em português — é um termo que se refere a caixas de madeira para as pessoas ficarem de pé enquanto fazem discursos públicos.

CAPÍTULO 4
A FORMAÇÃO DE UM BOXEADOR PROFISSIONAL: AS PRIMEIRAS LIÇÕES DE FIDELIDADE

Eu fiquei maravilhado. Ela não tinha ideia de que nosso ministério de jovens estava na televisão aberta. Ela "viu" que eu estaria no rádio pregando o Evangelho, e isso se tornou realidade. Temos um programa sendo transmitido desde que começamos a igreja. A irmã Jean não apenas confirmou algumas coisas que já vivíamos, mas também falou de outras futuras que, para minha surpresa, seriam bênçãos em nossas vidas. Saímos daquela sala contentes por termos entrado lá.

Quando Lisa e eu voltamos para casa, ficamos felizes com o que tinha sido dito sobre o nosso futuro, imaginando se fora assim que Maria havia se sentido quando o anjo lhe dissera Quem ela geraria. Assim como a mãe do Filho de Deus, aguardamos que aquelas palavras se cumprissem.

Capítulo 5

AUMENTANDO O PESO: DESENVOLVENDO SUA CAPACIDADE DADA POR DEUS

> *Porque não é do Oriente, não é do Ocidente, nem do deserto que vem o auxílio. Deus é o juiz; a um ele humilha, a outro ele exalta.*
> (Salmos 75.6-7)

Quando escuto a palavra **fidelidade**, penso em um homem casado com a mulher que conheceu em sua juventude. Não houve nem haverá outra em sua vida. Esse casal suportará e celebrará, ao lado um do outro, as diferentes estações da existência. Criarão filhos, mimarão netos e comemorarão seu cinquentenário com amigos e familiares.

Ao ouvir alguém falando sobre **fidelidade**, também imagino um vendedor que trabalha há mais de quarenta anos na mesma empresa. Ele conquistou sua posição e fez o possível para se destacar como um dos principais empregados, como se tivesse um motor interno mantendo-o funcionando apesar das eventuais perdas de vendas ou de contratos. Esse homem acompanhou as mudanças tecnológicas ao longo dos anos, desde a máquina que gravava disquetes até depois, com os *PalmPilots*, e, então, os smartphones. No decorrer de sua carreira, compartilhou segredos comerciais e aconselhou jovens. Em sua festa de aposentadoria, todos os funcionários contribuíram para presenteá-lo com um relógio de ouro caro, gravado com a seguinte inscrição: "Você foi fiel".

A fidelidade também é encontrada em lugares inimagináveis. Assistimos a algum jogo do campeonato de futebol, por exemplo, mas não as horas de sangue, suor e lágrimas de quem treina sozinho, muito depois de todos terem ido embora para casa. Batemos palma para a aluna nota 10 fazendo seu discurso no dia da formatura, sem testemunharmos os momentos em que ela correu atrás dos estudos e foi auxiliada na décima série, ou quando disse "não" às distrações. Observamos uma grande denominação com seus prédios, tecnologia e conferências, desconsiderando os anos de trabalho árduo que resultaram em seu crescimento.

Esses são alguns dos sinais que apontam para a fidelidade. Porém ela nunca está sozinha. É como se tivesse um irmãozinho que não larga do seu pé. Sempre vem acompanhada pelo fruto.

Isso me faz lembrar de mangueiras. Acho que quase todas as casas em que já morei tinham uma no

CAPÍTULO 5
AUMENTANDO O PESO: DESENVOLVENDO SUA CAPACIDADE DADA POR DEUS

quintal. Eu amo manga. Elas são doces e suculentas como uma maçã. Experimente cortar um dos seus pedaços e morder enquanto o suco escorre pelo queixo. São deliciosas! Mas antes que possa ser colhida, uma pequena flor nasce em seu galho. Ou melhor, o indicativo do estágio inicial que findará no fruto.

Em certos momentos da vida, podemos nos sentir desanimados por não vermos resultados logo no começo de nossa trajetória. Contudo, se olharmos de perto, veremos as flores que denotam o início da produtividade. Se as vir, seja paciente e saiba que os frutos estão a caminho. Eles sempre são precedidos pelos vestígios da fidelidade.

Às vezes, algumas estações são mais prósperas que outras. Uma coisa que precisamos ter em mente é que não somos totalmente responsáveis pela quantidade de frutos que produzimos, afinal existem vários detalhes que não podemos prever ao longo do processo. Apesar de conseguirmos controlar o nível da nossa **fidelidade**, isso não vale para os resultados nem para o tempo que levará até que nossa atitude surta efeito.

> CONTINUE SENDO FIEL AO QUE DEUS LHE CHAMOU PARA FAZER, INDEPENDENTEMENTE DAS CONDIÇÕES E COM A CERTEZA DE QUE VOCÊ FRUTIFICARÁ NA HORA CERTA.

Então, continue sendo fiel ao que Deus lhe chamou para fazer, independentemente das condições e com a certeza de que **você frutificará na hora certa.**

Foi o que aconteceu quando fazíamos parte da equipe da Hope Chapel West O'ahu. Pequenos "botões de fidelidade" estavam começando a aparecer em nossa "mangueira" nessa época específica de nossas vidas, apontando para as novidades do futuro, ainda que não tivéssemos uma noção clara disso, como profetizou Isaías: "Eis que faço uma coisa nova. Agora mesmo ela está saindo à luz. Será que vocês não o percebem? [...]" (Isaías 43.19).

O ano 2000 foi bastante frutífero para nossa casa. Lisa estava dando o seu melhor no departamento infantil. Ela fez um trabalho tão bom no recrutamento e capacitação de líderes, que todas as principais tarefas foram delegadas à sua talentosa e dedicada equipe. Com ela no comando, o ministério funcionava como uma máquina bem lubrificada. O pastor Ralph dizia que Lisa havia se tornado tão hábil em engajar e delegar tarefas às pessoas, que todos os dias, ao meio-dia, ela poderia se sentar em seu escritório e lixar as unhas, pois tudo ficaria bem. Minha esposa não concordou muito com isso; no entanto, aquele era um retrato preciso da sua eficácia como líder.

Quanto a mim, estava no meio do meu melhor ano no ministério de jovens. Sentia que nossa equipe de líderes era extremamente alinhada no que diz respeito ao seu caráter e habilidade. Grande parte da juventude ingressava nas faculdades na Costa Oeste, o número de acampamentos chegou a bater recordes de

CAPÍTULO 5
AUMENTANDO O PESO: DESENVOLVENDO SUA CAPACIDADE DADA POR DEUS

participantes, e o Espírito Santo Se movia em nosso meio como nunca antes. Até comecei a pensar em me tornar um pregador da Youth Specialties, um ministério de capacitação de jovens profissionais. Pelo menos era isso o que eu queria. Todavia, naquela época, exercia o papel de pastor auxiliar em uma igreja onde plantar outras congregações era a coisa mais provável de acontecer.

UMA CONVERSA RÁPIDA

Em uma tarde de domingo, fui até a igreja de carro e, enquanto estacionava, percebi a voz do Espírito Santo falar comigo. Não foi algo audível; foi apenas em minha mente. Ele disse: "Você não vai ficar aqui por muito tempo". Não me lembrava de isso ter acontecido comigo antes, pelo menos não de forma tão nítida assim. Desliguei o veículo e, obviamente, fiquei refletindo sobre o que acabara de escutar. Saí do carro com aquelas palavras guardadas em meu coração.

Eu sabia que não poderia esconder isso de Ralph. Precisava lhe contar o que tinha acontecido. Sou muito grato pelo relacionamento que Lisa e eu continuamos a ter com ele e sua esposa, Ruby Moore. Tivemos o privilégio de servir em sua equipe por mais de vinte anos, desde o período em que fazíamos parte da Hope Chapel Kane'ohe Bay. Recebemos treinamentos e orientações fundamentais no tempo em que estivemos lá.

Os Moore não foram apenas grandes exemplos na plantação e pastoreio de igrejas, mas também se tornaram nossa família. Embora ninguém jamais pudesse tomar o lugar de nossos pais, Ralph e Ruby desempenharam um papel excepcional em nossas vidas quando minha mãe e meu pai se mudaram para o Oregon. Os pais de Lisa, que são budistas, não entendiam bem o que fazíamos na igreja. Eles se mudaram de Hong Kong para o Havaí quando ela tinha pouco mais de um ano e, com o passar do tempo, tiveram mais três filhos. Tenho muita admiração e respeito pelos meus sogros. Foi um choque para eles quando Lisa se casou com um homem de pele clara e sobrenome havaiano, mas agora tenho certeza de que me amam. Afinal, apresentei o abraço à família Lum, sendo que, antes, eles não gostavam muito de qualquer toque físico. Sou grato por terem criado a mulher mais bonita da ilha só para mim.

Ralph e Ruby foram como pais substitutos em nossas vidas. Chegamos a passar férias com eles uma vez, no início de nosso casamento. Foi na piscina deles que minhas duas filhas mais velhas, Courtney e Rebekah, aprenderam a nadar. Passávamos todos os feriados do Dia da Independência na casa desse amado casal e, em muitas tardes de domingo, fazíamos churrasco por lá também. Ralph até me ensinou a trocar o óleo do carro. Mesmo assim, raramente nos sentávamos para conversas individuais. Durante anos, a maior parte do meu

CAPÍTULO 5
AUMENTANDO O PESO: DESENVOLVENDO SUA CAPACIDADE DADA POR DEUS

discipulado e orientação ocorreu no contexto de reuniões semanais de equipe, ou improvisadas na piscina, ou sob o capô de um automóvel. Falávamos sobre trabalho quase o tempo todo. E eu era como uma esponja, absorvendo tudo o que ele ensinava. Amava cada minuto que passava ao seu lado.

Uma coisa que respeitava nele era o fato de que Ralph nunca parecia esconder suas intenções ou planos de mim. Mesmo que estivesse chateado ou desapontado comigo (talvez, por conta de algo que havia dito), eu sempre sabia onde encontrá-lo. Todos tinham certeza de que poderiam contar com ele, independentemente da situação ou circunstância. E eu admirava isso. Não havia disputa por posição, tempo ou atenção. Quando você tem um chefe e mentor assim, há uma grande segurança e liberdade para desempenhar o seu chamado. Acredito que alguns até invejavam o papel que os Moore desempenhavam em nossas vidas, e o acesso que tínhamos ao nosso líder, mas era mais do que isso. Foi uma amizade patriarcal que levou tempo para ser construída, e sempre fomos gratos por isso.

Foi levando todos esses fatores em conta que, naquela tarde, assim que tranquei o meu veículo, procurei por Ralph imediatamente. O interessante é que era uma noite de domingo, e foram poucas as ocasiões em que ele apareceu a esse horário. Dessa vez, no entanto, foi diferente. Quando consegui chamar sua atenção, tivemos um papo de um minuto sobre o que aconteceu:

— Ralph, acho que o Senhor falou comigo hoje — comecei.

— Sério? O que Ele disse? — perguntou-me.

— Disse que não ficarei aqui por muito tempo, mas não faço ideia do que isso significa. Não sei se irei para algum outro lugar ou se mudarei de ministério, mas sinto que algo vai acontecer logo. Por isso senti que precisava lhe contar. Você poderia, por favor, não planejar algo que precise do meu envolvimento nos próximos meses? Ou melhor, não se apressar quanto a isso?

— Não se preocupe. Vamos com calma e veremos o que o Senhor fará — Ralph concluiu. Nossa conversa acabou assim. Mal nos falamos depois disso.

JUSTO QUANDO ESTAVA COMEÇANDO A ME DIVERTIR

Antes de ouvir a voz do Espírito Santo em meu carro, eu estava vivendo o melhor momento da minha vida. Era meu quinto ano como líder da juventude, e as coisas iam muito bem. Nossos jovens serviam em diversos ministérios da nossa igreja. O pastor Ralph apreciava esse nível de integração com o restante da comunidade. Chegamos a enviar alguns em viagens missionárias ao Japão, e eles retornaram com grandes experiências, além de terem desfrutado da oportunidade de pregar o Evangelho em uma nação onde menos de um por cento da população tem Jesus como Senhor e Salvador.

CAPÍTULO 5
AUMENTANDO O PESO: DESENVOLVENDO SUA CAPACIDADE DADA POR DEUS

Quando olho para trás e me lembro com carinho dessa época, fico frustrado por ter cogitado não aceitar o convite para ser um pastor de jovens. Como eu era bobo! Esses foram alguns dos anos mais frutíferos do meu ministério, ainda que o Senhor tivesse outros planos para mim e Lisa no futuro. Ele estava prestes a nos levar a um novo nível de fidelidade e produtividade, porém não me apressei para fazer nada acontecer. Não olhava para todas as oportunidades que surgiam como um potencial chamado para mim. Acho que a maior razão pela qual não insisti nisso foi porque amava a Hope Chapel Kane'ohe Bay. Adorava meu trabalho, as pessoas e, ainda mais, liderar aquela juventude. Costumava dizer a Ralph que eu tinha o melhor emprego no Havaí. E ele concordava. Estava vivendo a melhor época da minha vida. A essa altura, já estávamos em julho de 2001, mas algumas coisas ainda precisavam ser alinhadas.

FIDELIDADE NÃO É APENAS UMA QUESTÃO DE PONTUALIDADE

Ser fiel não significa apenas fazer a nossa parte. Qualquer um pode agir assim, mesmo sem receber um chamado específico para tanto. Às vezes, parece que entendemos a fidelidade como a representação de um segurança encarregado de vigiar uma muralha. É seu "dever" proteger o muro até o fim de seu turno. E isso é tudo o que ele faz; comparecer para guardar a estrutura. No entanto, essa atitude se assemelha mais a de um cão de guarda do que a de alguém que decidiu ser fiel. Qualquer pastor alemão consegue proteger uma casa, por exemplo. Mas eu gosto de classificar essa postura como perda de tempo ou, no nosso caso, "enterrar o talento".

Para ilustrar um pouco melhor esse ponto, imagine um senhor de idade entregando as chaves da sua igreja a um jovem pastor, e dizendo: "Aqui está, filho. Divirta-se, mas não estrague tudo. Lembre-se: se nada estiver quebrado, você não precisa consertar. Deixe do jeito que está. Não mude as estratégias, não brinque com o que não conhece, e não balance o barco, para que a velha guarda não fique brava com você. Se seguir as minhas orientações, tudo dará certo; e então você poderá repassar as chaves para a próxima pessoa que assumir essa função daqui a alguns anos… dando-lhe o mesmo conselho".

Eu não suporto isso! A mediocridade é algo que realmente me frustra e, de acordo com meu próprio dicionário, ela é "o melhor dos piores e o pior dos melhores". Não acho que nenhum ser humano, quando era apenas uma criança, disse algo assim sobre seu futuro: "Quando crescer, quero ser medíocre. Vou fazer a minha parte e nada mais". Mas é claro que posso estar errado.

Aliás, quando foi que começamos a pensar que ser fiel significa simplesmente "ser pontual"? Imagino que, provavelmente, isso tenha surgido devido ao fluxo do

CAPÍTULO 5
AUMENTANDO O PESO: DESENVOLVENDO SUA CAPACIDADE DADA POR DEUS

gêiser[1] no Parque Nacional de Yellowstone, que libera seus gases sulfúricos a cada intervalo de quarenta e cinco minutos ou duas horas. Acredito que, para fins comerciais, passamos a chamá-lo de *Old Faithful* ("Velho Fiel", em português). Se esse for o caso, até consigo relevar, mas será que, como cristãos, deveríamos enxergar nossas obrigações como uma questão de pontualidade? Não me entenda mal, na minha opinião, estar atento aos horários e compromissos é muito importante. Eu mesmo peço para nossa equipe estar alinhada quanto a isso. Porém, a fidelidade não diz respeito apenas a comparecer na hora certa e cumprir com a nossa parte do combinado.

A palavra grega para "fiel", conforme usada no contexto das Escrituras, e que é referência para este livro, é *pistos*; quando traduzida para o português, refere-se a uma pessoa que se mostra íntegra em uma transação de negócios, na execução de comandos ou no cumprimento de deveres oficiais. A menção a operações financeiras nessa definição diz respeito, especificamente, à questão de lucros e prejuízos. Todo acordo ou empreendimento deve deixar claro quanto lucrou e quais foram as suas perdas. Para que seja bem-sucedido, os ganhos devem superar os gastos. Logo, o responsável por gerenciar todos esses trâmites deve ser alguém "fiel" a cada detalhe dessa atividade;

---

[1] N. E.: nascente termal que entra em erupção periodicamente, lançando uma coluna de água quente e vapor de água.

caso contrário, ela não durará muito tempo. Bons empresários são pessoas fiéis!

Agora, vejamos a questão da execução de comandos. Ter militares e mulheres das forças armadas na Inspire Church é uma honra. Há alguém que se encaixe melhor na definição de *pistos* do que esses oficiais? Sei que existem outras profissões nas quais a obediência às ordens é importante, como a polícia e os bombeiros, por exemplo, mas poucas envolvem a vida, a morte e a defesa de muitas outras pessoas como a carreira militar. Bons soldados também são fiéis!

Por último, temos o cumprimento de deveres oficiais, que pode nos trazer a imagem de alguém semelhante a um embaixador; que fala em nome de outro, e é capaz de ouvir, delegar e realizar o desejo de terceiros. De forma semelhante, somos embaixadores de Jesus Cristo (cf. 2 Coríntios 5.20): aqueles que obedecem aos Seus mandamentos, representam o Seu Reino e são servos do Salvador. Diga-me, isso não é um enorme privilégio e uma responsabilidade que deve ser levada a sério? Como os outros dois, os embaixadores são fiéis na mesma intensidade.

> AQUELE QUE É CONSTANTE NAS PEQUENAS COISAS, PROVAVELMENTE TAMBÉM TERÁ UM EXCELENTE DESEMPENHO NAS GRANDES.

Percebe que uma pessoa fiel não é aquela que somente "dá as caras e faz sua parte"? Mas, então, como

CAPÍTULO 5
AUMENTANDO O PESO: DESENVOLVENDO SUA CAPACIDADE DADA POR DEUS

saber se um estudante é fiel, por exemplo? É simples. Basta observar se ele vai para a aula, chega na hora certa, faz anotações e as estuda; se ele se prepara para as provas com vários dias de antecedência, e não em cima da hora, e assim por diante. Aquele que é constante nas pequenas coisas, provavelmente também terá um excelente desempenho nas grandes.

Se você está em um ministério, não deve esperar até que alguém faça uma avaliação para verificar se o seu trabalho foi bem realizado. Isso deve ser sua responsabilidade! Não espere uma ordem superior para começar a agir. Tome o compromisso de acompanhar seu progresso e buscar feedbacks com o seu supervisor por conta própria, sabendo que qualquer avanço depende muito mais das suas atitudes. E não se preocupe, é muito provável que ele também siga esse mesmo padrão, tanto vertical (prestando contas aos seus superiores) quanto horizontalmente (trabalhando com seus colegas) — a mesma regra vale para todas as direções nas quais algum tipo de liderança é confiada.

CONVICÇÃO INTERIOR

Quando o assunto é fidelidade, seja no ministério, local de trabalho, nos esportes, estudos ou em qualquer outro aspecto da vida, o seguinte princípio é muito verdadeiro: você pode agir por convicção interior ou por pressão externa.

O motivo pelo qual desempenhamos nossas funções diz muito a respeito de quem somos. Podemos fazer coisas por inúmeras razões, e sermos incentivados pela excelência do esforço, resolução pessoal em entregar o melhor resultado possível ou apenas pelo desejo de agradar a quem estamos servindo. Porém, aqueles que operam a partir de uma convicção interior são o tipo de pessoa que quero ao meu lado. Eles têm qualidades de caráter que todo empregador procura. Não sei você, mas se preciso observar um funcionário o tempo todo para garantir que ele trabalhe com dedicação, seja produtivo e siga a cultura que criamos, então escolhi a pessoa errada. Por outro lado, se ele está cumprindo com suas responsabilidades e ajudando os demais a serem melhores em suas devidas funções, continuará a crescer no meu conceito.

Em compensação, se você é uma pessoa que necessita de pressão externa para agir, ou seja, precisa ser monitorada, pode se tornar um fardo para aqueles que o supervisionam, pois terá de ser constantemente estimulado para alcançar os objetivos esperados para sua posição. Provérbios 22.29 diz: "Já vistes um homem competente no que faz? Este servirá os reis e não trabalhará para gente comum" (A21). O que me chama a atenção ao ler essa passagem é que o texto utiliza o termo "gente comum". Na versão, em inglês, God's Word Translation, essa frase é traduzida como *"unknown people"* ("pessoas desconhecidas", em português). Ou seja, a recompensa de quem

CAPÍTULO 5
AUMENTANDO O PESO: DESENVOLVENDO SUA CAPACIDADE DADA POR DEUS

age a partir de uma convicção pessoal é servir com aqueles que estão nos níveis mais altos de responsabilidade — até mesmo, parcerias inimagináveis!

Para não pensarmos que esse princípio se aplica apenas a alguém muito talentoso, outra tradução, a New Living Translation, refere-se ao homem como um "trabalhador verdadeiramente competente" [*truly competent worker*]; enquanto a King James o descreve como um "homem diligente em seus negócios" [*man diligent in his business*]. Isso se provou muito verdadeiro em minha vida.

Às vezes, preciso respirar um pouco, engrandecer ao Senhor e trazer à memória todas as pessoas maravilhosas que Lisa e eu conhecemos ao longo dos anos. Ser treinado por um dos plantadores de igrejas mais eficientes desta geração foi uma bênção. Acredito que nossa dedicação, aliada à soberania de Deus, trouxe-nos relacionamentos que não beneficiaram

> DEUS ESTÁ NOS CHAMANDO PARA SERMOS EXCELENTES COM O QUE NOS FOI DADO, SEJA EM NOSSO LOCAL DE TRABALHO, MINISTÉRIO OU EM OUTRAS ÁREAS DA VIDA.

somente a nós, mas também ao avanço do Reino na Terra. Não pense que fui um aluno perfeito, cem por cento fiel e dedicado; na verdade, confesso que falhei em vários momentos. Mas uma coisa era certa: quando estava dando menos do que o meu melhor, era a hora de parar tudo e mudar de atitude, porque eu sabia que, se "enterrasse o talento", correria o risco de perdê-lo.

Deus está nos chamando para sermos excelentes com o que nos foi dado, seja em nosso local de trabalho, ministério ou em outras áreas da vida. Quem trabalha duro e faz sacrifícios além do que a maioria das pessoas está disposta a fazer é o tipo de pessoa a quem o Senhor exalta. E, embora seja o "homem" (em alguns casos um chefe, ou uma empresa) quem execute o plano, é Ele Quem nos honra (cf. Salmos 75.6-7). Nosso Pai conhece e reconhece o esforço que você faz. E nada disso é em vão. Lembre-se: Deus recompensa com bondade e justiça!

Capítulo 6
DEIXANDO O RINGUE: DIZENDO "*ALOHA*" AO QUE É CONFORTÁVEL

Pois quem quiser salvar a sua vida a perderá; e quem perder a vida por minha causa e por causa do evangelho, esse a salvará. (Marcos 8.35)

Algo aconteceu em minha mente enquanto voava a dez mil e seiscentos metros acima do nível do mar. Talvez fosse a combinação da pressão dentro do avião somada à euforia de ter sido usado por Deus em um retiro de jovens em Eugene, Oregon; ou, também, a resposta do Alto que recebi naquele lugar. Quem sabe, o envelope contendo a oferta da igreja onde preguei — o qual abri durante o trajeto de Portland para Honolulu — tivesse alguma coisa a ver com isso?! Nunca havia sido honrado com tanto dinheiro por ministrar em um retiro. No Havaí, sempre que pregava em um evento parecido, ganhava apenas um aperto de mão e uma camiseta. E tudo isso era legal! Até então, estava me sentindo muito feliz e as coisas iam bem. Mas, sem dúvidas, posso dizer que tive um dos melhores momentos da minha vida naquele verão em específico.

Àquela altura, eu permanecia sendo fiel ao meu chamado, pelo menos ao de ser pastor de jovens. No entanto, não demoraria para que eu começasse a questionar os propósitos de Deus para minha vida e, logo, fosse desobediente à Sua vontade. O mais interessante é que já havia aprendido que a obediência traz bênçãos, enquanto o contrário disso leva à oposição (cf. Deuteronômio 28.2, 15). Então, se me rebelasse contra o Senhor naquele momento, todos os meus esforços como líder gerariam frustração, além de se tornarem inúteis.

Nunca chegaremos a lugar algum agindo dessa maneira. Eu poderia ter fingido que nada estava acontecendo, e dizer que **era fiel e obediente ao chamado d'Ele**. Mas, no fundo, sabia que Deus me direcionava para uma nova temporada. Salmos 37.4 diz: "Deleite-se no Senhor, e ele atenderá aos desejos do seu coração" (NVI). Lembro-me da primeira vez em que me comprometi com essa verdade, e foi como se tivesse caído em uma "armadilha". Passei tempo com o Pai, deleitando-me em Sua presença, e meus sonhos se alinharam aos Seus planos. Originalmente, queria viver segundo a minha própria vontade, entretanto fiquei feliz por ter sido confrontado e dirigido conforme o Seu querer a partir dali.

Contudo, lá estava eu, mais uma vez, na montanha-russa de emoções entre deleite e desejo, pendendo no meio dessas duas possibilidades. De um lado, alegria e satisfação no Senhor, nada mais; do outro, meu

CAPÍTULO 6
DEIXANDO O RINGUE: DIZENDO *"ALOHA"* AO QUE É CONFORTÁVEL

próprio anseio, que era permanecer onde me encontrava e fazer as coisas de acordo com a minha opinião. O ministério, no qual tinha sido fiel até aquele momento, tornara-se minha obsessão. Por que não continuar lá?

O QUE PARECE SER UM PASSO PARA TRÁS É UM PASSO ADIANTE

Uma vez, ouvi dizer que o Senhor nos chama ante nossa fidelidade a Ele. Enquanto desempenhamos o que fomos criados para fazer, o Mestre nos incentiva segundo a medida da nossa permanência e produtividade e, assim, Ele nos promove. Todavia, certas vezes, o que alguns consideram como "promoção" pode nos soar como um rebaixamento, mas isso não importa.

> EU PODERIA TER FINGIDO QUE NADA ESTAVA ACONTECENDO, E DIZER QUE ERA FIEL E OBEDIENTE AO CHAMADO D'ELE. MAS, NO FUNDO, SABIA QUE DEUS ME DIRECIONAVA PARA UMA NOVA TEMPORADA.

O que parece ser um passo para trás é um passo adiante. Quando fui orientado por Deus a deixar a Hope Chapel Kane'ohe Bay, por exemplo, em um primeiro momento, senti que estaria retrocedendo. Na mesma época, uma situação ocorrida com uma pessoa próxima me ajudou bastante nessa decisão. Meu amigo, Matt, deixou o cargo de vice-presidente em uma imobiliária muito bem-sucedida em sua região para começar sua própria empresa do zero, construindo aos poucos, e, consequentemente, recebendo um terço da sua antiga renda. Ele sentiu que o Senhor o chamou para fazer isso, o que demonstra que é muito raro começarmos no topo. Podemos até assumir o lugar de alguém em um cargo elevado, porém esse é um privilégio dado a quem, na maioria dos casos, prova-se ser fiel no pouco; não é algo que se oferece a todos. Um grande número de pessoas tem de deixar o que é bom e confortável para traçar seu próprio caminho rumo ao excelente.

Abraão precisou fazer a mesma coisa. O Senhor lhe falou: "[...] Saia da sua terra, da sua parentela e da casa do seu pai e vá para a terra que lhe mostrarei" (Gênesis 12.1). Não lhe foram prometidos muitos incentivos ou bônus por seu esforço. Até ali, não havia nenhuma promessa de aliança abraâmica, apenas uma ordem para sair do seu local de origem. Abraão não recebeu nem mesmo o nome da terra para onde iria ou uma coordenada. Nada de leste ou oeste. Nada. "[...] vá para a terra que lhe mostrarei" (Gênesis 12.1), foi tudo o que Deus lhe disse. O pioneirismo pode ser assustador!

ENQUANTO ISSO, DE VOLTA AO RANCHO...

Cheguei ao trabalho depois da minha viagem ao Oregon. Foi ótimo ver todos de novo. Um dos primeiros a me cumprimentar foi Rob McWilliams, que logo falou: "Como você está, Mike? A propósito, uma

CAPÍTULO 6
DEIXANDO O RINGUE: DIZENDO *"ALOHA"* AO QUE É CONFORTÁVEL

igreja em Waikele quer você como pastor. Eles também conversaram comigo a respeito da proposta, porém a recusei. Agora estão considerando você para o posto. Tchau!". Ao ouvir isso, pensei: **"O quê? Nada de: 'Oi, olá, como foi sua viagem?' É isso?"**. Mas foi realmente assim que aconteceu. Reagi de imediato: "Também não estou interessado nesse convite", concluí na minha cabeça. **"Não serei o prêmio de consolação de ninguém. Quero ser a primeira escolha"**, disse a mim mesmo, e fui para o meu escritório.

Se me lembro bem, Ralph conversou comigo mais uma vez sobre o posto naquela igreja. Ele disse: "Eu gostaria que você orasse sobre isso", e eu respondi: "Não, eu não quero ir para Waikele. Além do mais, lá é quente...". E, de fato, aquela região possui temperaturas elevadas quase o ano todo.

A comunidade de Waikele não é bem uma cidade. Cerca de vinte anos atrás, ela fazia parte de um município maior chamado Waipahu, conhecido por seus campos de cana-de-açúcar. Em 1995, com o encerramento das atividades da usina de açúcar Waipahu, um dos maiores proprietários de terras do Havaí decidiu desenvolver uma cidade-dormitório[1], nas várias centenas de acres que possuía, sendo considerada uma

---

[1] N. E.: segundo a Enciclopédia Discursiva da Cidade (ENDICI), "cidade-dormitório é o nome dado à cidade em que habita uma grande quantidade de moradores que trabalham ou estudam em uma cidade vizinha próxima".

"habitação acessível", o que é um verdadeiro paradoxo para a ilha. Eles também construíram um grande shopping, com casas e sobrados ao redor, e mudaram o nome do lugar para Waikele — sua população cresceu expressivamente.

Em outra oportunidade, o pastor Ralph insistiu: "Não, é sério. Ore sobre isso", e eu cedi: "Tudo bem, vou orar". Depois completei, com meu jeito sarcástico: "Eu orei e a resposta ainda é não". Ralph, que não era de brincar com essas coisas, replicou: "Não, Mike, estou falando sério. Essa pode ser uma grande oportunidade. Na verdade, estava pensando em ir para lá e deixar essa igreja aqui para você. Mas não posso sair daqui. Por favor, eu realmente quero que considere isso".

Expliquei que não dispunha de tempo para orar por outro chamado. Afinal, o acampamento pelo qual era responsável começaria em uma semana. Eu tinha acabado de voltar do Oregon e havia muito trabalho a ser feito. Todavia, por respeito a ele, concordei em orar sobre aquele assunto. Mas a verdade é que não pretendia gastar tempo pensando em uma proposta daquelas; não tinha a menor vontade de ir para Waikele.

Mesmo sem querer, com o passar dos dias, o maior conflito que encontrara em cinco anos de ministério agora estava na minha mente, e não fiquei nada feliz com isso. Nesse período, Salmos 92.12-13 foi uma das passagens que mais me instigou: "O justo florescerá [...]. Plantados na Casa do Senhor, florescerão nos

CAPÍTULO 6
DEIXANDO O RINGUE: DIZENDO *"ALOHA"* AO QUE É CONFORTÁVEL

átrios do nosso Deus". Eu era membro da Hope Chapel Kane'ohe Bay há doze anos, e fazia parte da equipe de funcionários há mais de sete. Lá fui plantado e lá estava florescendo. Não queria sair daquele lugar. Tudo o que sabia sobre ministério, havia aprendido ali. Entreguei minha vida a Jesus, recebi meu treinamento teológico, conheci e me casei com Lisa, tudo naquela igreja. Tivemos nossa segunda filha, Rebekah, enquanto pertencíamos à Hope Chapel Kane'ohe Bay, onde desempenhei todos os princípios de administração de finanças que me permitiram comprar uma casa. Minha esposa e eu, sem dúvidas, fomos enraizados naquele ambiente, ao lado de todos os nossos amigos e referências. Por que sairíamos de **lá**?

Por meio dessa reflexão, compreendi ainda mais sobre o significado da paternidade. Chega um momento em que todo filho sai de casa. Acredito que seja uma alegria para um pai equipar seu herdeiro para o futuro, ajudá-lo a determinar o melhor percurso, que lhe dá uma maior chance de sucesso e, então, enviá-lo para cumprir seu destino estabelecido pelo Senhor. Tenho esse mesmo sentimento quando penso em minhas filhas e naqueles a quem estou treinando e discipulando para a vida e ministério. Uns permanecerão por perto, outros irão embora para plantar igrejas e, não importa o que aconteça, tudo isso faz parte.

Alguns também ficarão na comunidade local e assumirão o papel de "tios ou tias". Isto é, suas funções serão semelhantes à de um treinador ou de um assistente técnico, aconselhando e abordando situações de modo particular. Fazendo uso da influência que possuem, reforçarão valores bíblicos em seus liderados por meio de novas perspectivas. Foi o que Rob McWilliams e Aaron Suzuki fizeram por mim; eles desempenharam papéis fundamentais em meu desenvolvimento. Vi isso acontecer no passado e, hoje, estou delegando a alguns essa mesma função em nossa igreja.

ESPINHOS

Certa vez, ouvi uma história de como as águias aprendem a voar bem no início do seu desenvolvimento: a mãe coloca o filhote sobre suas asas e, então, voa com ele por centenas de metros em uma missão de treinamento. Quando chega a uma altitude apropriada, ela, de repente, solta sua cria. Seu instinto tem de entrar em ação, e o pequeno precisa começar a bater as asas para não morrer.

É claro que ele não aprenderá a voar na primeira tentativa, então a mãe precisará resgatar sua prole várias vezes, repetindo o processo. Quando o bebê assustado for capaz de planar, ela o levará de volta à segurança do ninho, e escolherá outro pequenino para ensinar a mesma coisa. Não demorará, e logo todos estarão preparados para deixar o abrigo sem ajuda.

CAPÍTULO 6
DEIXANDO O RINGUE: DIZENDO *"ALOHA"* AO QUE É CONFORTÁVEL

Evidentemente, o ensinamento não termina aí. A mãe também necessitará demonstrar aos filhotes como caçar seu próprio alimento. Contudo, a história popular revela algo chocante a respeito de uma das lições mais importantes que essas aves aprendem: após alguns voos de teste, ao retornar para casa, logo as jovens águias descobrirão que seu ninho é feito de espinhos que os impedem de permanecer ali. Agora, eles são grandes demais, além de inteligentes. Sabem que, se ficarem por mais tempo, serão dependentes de sua mãe para sempre.

É assim que se passa uma mensagem com clareza! Outrora filhotes, nesse momento de suas vidas, eles não podem mais voltar ao aconchego e têm de encarar sozinhos os próximos estágios. Preparadas, treinadas e equipadas, essas águias irão atrás de seu sustento, construirão um ninho, encontrarão seus companheiros e ensinarão suas crias a darem sequência a esse ciclo.

Sendo bem sincero, conheço pouco acerca dessas aves, mas senti como se Ralph estivesse colocando espinhos em meu "ninho". Comecei até a me perguntar se ele estava abrindo espaço de propósito para seu filho, Carl, entrar em meu lugar. Coincidentemente, era Carl quem pregaria no acampamento de jovens na semana seguinte. Ele era surfista, morava em Huntington Beach, e vivia um ótimo momento com sua esposa, Kanani; testemunhava grandes frutos em sua cidade. Portanto, assumir o meu posto seria a lógica.

Depois de se formar na Life Bible College, em San Dimas, Califórnia, Carl e Kanani pastorearam um grande ministério de jovens na Hope Chapel Huntington Beach. Ele era um homem bonito, habilidoso em cima da prancha e um líder nato. Diante dessas características, minhas inseguranças tomaram conta de mim e comecei a questionar se tudo aquilo não passava de uma armação do meu chefe. Sem dúvidas, o pastor Ralph possuía autoridade para fazer qualquer mudança que quisesse, pois buscava o Senhor em todas as decisões importantes, e, ainda por cima, era meu superior. Além disso, ele havia sido pioneiro na igreja, e Carl era mais um dos excelentes líderes que ele discipulou ao longo dos anos.

Parecia que um espinho estava sendo colocado no ninho. No entanto, eu também sabia que, se não ouvisse o Senhor, Ralph nunca me forçaria a sair antes da hora; essa seria uma decisão ruim para todos. Durante esse curto período, entendi mais a respeito da soberania do Alto — mesmo se tivesse de me ausentar antes da hora, Deus ainda cuidaria de mim e faria com que as coisas cooperassem para o meu bem (cf. Romanos 8.28).

O tão esperado acampamento se aproximava. Não gostava de preparar sermões nas semanas anteriores aos nossos retiros — pois era muito estressante adicionar mais itens à minha lista de responsabilidades —, então decidi que meu bom amigo, Jeff MacKay,

CAPÍTULO 6
DEIXANDO O RINGUE: DIZENDO *"ALOHA"* AO QUE É CONFORTÁVEL

pregaria naquela noite. Ele é pastor em Osaka, Japão, e um dos plantadores de igrejas mais loucos que já conheci, além de ser muito engraçado. Como ele estava na cidade, convidei-o para falar em um dos nossos cultos. Dessa forma, teria mais tempo livre para descansar antes do evento.

Naquele domingo que antecedia o acampamento, estava no pátio da igreja com alguns jovens aguardando o início da nossa reunião. Não demorou para que Jeff chegasse acompanhado. Trouxe consigo dois outros homens, e eu conhecia apenas um deles. Fiquei de pé para cumprimentar meu amigo, que logo me deixou sozinho com o homem desconhecido. Fiquei um pouco irritado por causa disso, mas me sentei e me apresentei:

— Oi, meu nome é Mike.

— Prazer, Ray — ele respondeu.

— O que você faz, Ray?

— Sou pastor.

— Sério? Onde?

— Waikele.

— *Oh!* Qual é o nome da sua igreja?

— Hope Chapel Waikele.

— Qual? — perguntei novamente, meio pasmo.

— Hope Chapel Waikele — ele repetiu.

Na mesma hora, fiquei muito irritado. Não só pelo fato de Jeff trazer duas outras pessoas com ele — o que significava que, dificilmente, faríamos algo juntos após o culto —, mas porque se juntara à conspiração para me fazer sair da Hope Chapel Kane'ohe e forçar minha mudança para o lado quente da ilha. Tinha a impressão de que alguém estava tentando controlar o meu destino, manipulando os bastidores da **minha vida**. Ou melhor, querendo me fazer acreditar que tudo aquilo era providência divina.

Isso era o que eu mais temia e não gostaria que acontecesse. Pelo contrário, eu queria atender ao puro chamado de Deus, e não a algo estratégico e conveniente para todos. Não desejava fazer apenas o que parecia mais simples, muito menos ser forçado a tomar uma decisão.

Quando um grande jogador envelhece, por exemplo, é bem comum que ele se torne um técnico assistente. Se um treinador está ficando para trás e tendo temporadas menos vitoriosas, a administração também pode lhe oferecer um emprego na diretoria, abrindo espaço para alguém mais jovem atuar em campo. Porém, no meu caso, não pretendia me tornar um pastor sênior ainda. Sabia que isso seria inevitável em pouco tempo, mas sentia que aquela não era a hora. E não aceitaria que o pastor Ralph ou qualquer outra pessoa se intrometesse no meu futuro.

No momento em que conheci Ray, foi como se todas as minhas suspeitas fossem confirmadas. Meus temores, somados ao meu instinto de autopreservação, começaram a se manifestar logo nos primeiros instantes em que conversei com ele. Então inclinei-me e disse:

CAPÍTULO 6
DEIXANDO O RINGUE: DIZENDO *"ALOHA"* AO QUE É CONFORTÁVEL

— Você está indo embora, não é?

— Como você sabe disso? Essa informação deveria ser confidencial — ele respondeu.

— Não importa como, apenas sei. Quem lhe trouxe aqui e o convenceu a fazer isso? — perguntei, sem rodeios.

— Jeff me trouxe.

— Sei... tenho certeza de que Ralph pediu a ele que falasse com você e o convencesse a vir aqui para me pressionar a assumir sua posição, fazendo-me pensar que isso vem "de Deus".

Sou conhecido por ser um pouco agressivo em certas situações, e essa, sem dúvida, foi uma delas. No entanto, Ray rebateu:

— Ninguém me disse para vir aqui. Jeff não sabe de nada. Somos bons amigos desde quando visitei sua antiga igreja aqui no Havaí.

Ele parecia muito sincero, como se estivesse me dizendo a verdade. Fiquei curioso.

— Você deveria aceitar a proposta, creio que seria um bom pastor — ele continuou.

— Como pode ter certeza disso? Você nunca me ouviu pregar.

— Eu apenas sei. Além do mais, já ouvi falar de você.

Pensei comigo: **"*Ah*, sei... então ele está me elogiando para amolecer meu coração. Típico de qualquer pastor"**. E ele disse:

— Você tem de se apressar e tomar uma decisão, porque irei embora em breve.

— Se é uma igreja tão boa, por que está abandonando-a? — perguntei sarcasticamente.

— Porque estou esgotado. Tenho dividido meu tempo entre duas vocações há cinco anos e, até o momento, essa abordagem tem dado certo. Porém, sinto que agora a igreja precisa de alguém com uma nova visão, para levá-la a um próximo nível. Aliás, você poderia ir até lá e pregar sobre esse assunto neste fim de semana, ou no próximo.

— Esgotado? Lamento ouvir isso. Não, eu não gostaria de pregar na sua igreja. Acho antiético ministrar em um lugar sem que saibam que sou o candidato para substituí-lo.

Mesmo assim, Ray persistiu com seu convite. Hoje, quando penso naquele dia, sou grato por isso. No fim da nossa conversa, ele disse que eu deveria, pelo menos, visitar a igreja no fim de semana seguinte.

E VAMOS PARA O ACAMPAMENTO...

Nesse meio tempo, fomos para o acampamento. Foi incrível! Contudo, não sabia ao certo se aquele seria o meu último. Orava todas as manhãs, fazia caminhadas sozinho para pedir orientação ao Senhor. Como estávamos no alto das montanhas de O'ahu, contava com algum vislumbre no céu, talvez algum relâmpago

CAPÍTULO 6
DEIXANDO O RINGUE: DIZENDO *"ALOHA"* AO QUE É CONFORTÁVEL

que indicasse a direção divina. Esperava ouvir a voz de Deus falando das nuvens: "Você, *oh*, ungido! Sim, você é o Meu vaso escolhido. Antes que os fundamentos da Terra fossem estabelecidos, Eu o separei para tomar essa igreja e alcançar uma multidão incontável para a Minha glória". Quem poderia me culpar por querer algo desse tipo?

Sei que meu desejo por um sinal claro do Alto parecia exagerado. Mas a verdade é que estava morrendo de medo de deixar a Hope Chapel Kane'ohe. Não sentia nem um pouco de segurança quanto à minha capacidade de liderança ou conhecimento da Palavra, e isso me deixava indignado. Durante toda aquela semana, eu acordava, ia até um mirante com uma xícara de café na mão, sentava-me em uma grande pedra e apenas olhava para o horizonte. Lá, observava a região de Waikele à distância e clamava, perguntando a Deus se aquele era o lugar para onde eu deveria ir. Fiz isso durante seis dias.

Como responsável pelo acampamento, pensava naqueles jovens que se encontravam ali e no quanto os amava. Não suportava a ideia de seguir em frente. Meu coração estava apegado a eles. Lembrei-me de quando não desejava liderar aquela juventude. Mas tudo mudou em questão de meses, e adorei cada minuto que passei com aquele pessoal. Era fácil falar com todos, pois percebiam a minha sinceridade e respeito por cada um. E eles sempre retribuíram isso com carinho e consideração, em especial nossa equipe de liderança. Todos foram fenomenais e não demoraram para compreender o encargo que tinham em mãos. Apesar de tudo isso, algo inesperado começou a acontecer: a cada dia que passava, parecia que um lento desapego tomava conta do meu interior. Era como se estivesse diante de um relógio em contagem regressiva. É engraçado como, de uma hora para outra, aquele retiro se transformou em uma das experiências mais marcantes da minha vida inteira.

Isso me lembrava o passeio de Jesus com Pedro e João, relatado em João 21.15. O Mestre questionou Pedro: "[...] você me ama realmente mais do que estes? [...]" (NVI). E eu sentia que Deus me fazia uma pergunta semelhante. Para mim, a palavra "estes" representava os jovens, a oportunidade de liderança ou até mesmo minha própria segurança. Então me lembrei de Mateus 6.33, quando Jesus disse: "Mas busquem em primeiro lugar o Reino de Deus e a sua justiça, e todas estas coisas lhes serão acrescentadas". O Senhor estava me pedindo para confiar n'Ele acima de qualquer circunstância e comodidade, deixando o velho e abraçando o novo.

DEIXE PARA TRÁS O QUE O TROUXE ATÉ AQUI

Seja lá o que você estiver fazendo ou qual for o seu chamado específico, faça uma lista das "coisas" que você tem hoje. Valorize e agradeça ao Senhor por cada uma delas. Contudo, saiba que terá de dizer "adeus" a

CAPÍTULO 6
DEIXANDO O RINGUE: DIZENDO *"ALOHA"* AO QUE É CONFORTÁVEL

algumas, antes que Ele o promova para um novo nível. Se parar e olhar para trás, tenho certeza de que se lembrará de cargas das quais foi difícil se separar, seja porque você as amava, estava apegado a elas ou tinha alguma identificação.

Sei que é simples dizer aos outros: "Não olhe para trás. Siga em frente, mantenha sua determinação", e difícil de realizar na prática, mas é justamente isso que devemos fazer. Dar os próximos passos e dizer "adeus" àquilo que antes era crucial são partes inegociáveis do nosso desenvolvimento. Então, de uma distância segura, muitas vezes determinada pelo tempo decorrido após essa atitude, podemos contemplar o passado sem mágoas, e dizer: "Estou feliz por ter abandonado o que era bom naquela época, para ter acesso ao que é ótimo hoje".

O QUE TROUXE VOCÊ ATÉ AQUI NÃO O FARÁ CHEGAR ADIANTE

Em uma viagem a Israel, estava assistindo a um especial da National Geographic sobre foguetes espaciais. Foi fascinante observar como quantidades absurdas de combustível eram queimadas na câmara de combustão dessas estruturas. Nos instantes iniciais, os propulsores explodem com três milhões e quinhentos quilogramas de empuxo, a fim de empurrá-lo para cada vez mais longe da plataforma de lançamento e colocá-lo na atmosfera.

Durante esse estágio, o foguete passa por sua fase mais crítica: a decolagem. Ele sofre uma pressão imensa. Todo o combustível contido nos boosters[2], cujo objetivo é lançar o ônibus espacial para uma altitude mais alta, queima a uma taxa de quatro toneladas e meia por segundo. Porém os mesmos boosters, que foram usados para aumentar o empuxo e colocar o foguete em órbita de forma segura, já não serão mais úteis no restante da viagem e devem ser abandonados.

O que antes foi crítico para a missão, terá de ser deixado; caso contrário, colocará tudo em risco e impedirá o ônibus espacial de cumprir seu propósito: abrir novas fronteiras. Se os boosters não fossem descartados, é bem provável que o foguete fosse puxado de volta para a atmosfera terrestre e caísse no mar, causando uma tremenda perda de equipamento e, sobretudo, de vidas. Isso só reforça o fato de que, na mesma medida, não seremos elevados a um novo patamar se estivermos carregando coisas que pertencem ao passado. E Deus estava prestes a me mostrar o meu "próximo nível".

> **NÃO SEREMOS ELEVADOS A UM NOVO PATAMAR SE ESTIVERMOS CARREGANDO COISAS QUE PERTENCEM AO PASSADO.**

---

[2] N. E.: *Solid rocket booster* é um foguete de propulsor sólido utilizado para acelerar um míssil, ou veículo de lançamento, durante a decolagem.

CAPÍTULO 6
DEIXANDO O RINGUE: DIZENDO *"ALOHA"* AO QUE É CONFORTÁVEL

No meio do acampamento, Lisa me ligou enquanto eu fazia uma caminhada antes de tomar o café da manhã. Ela disse: "Acabamos de receber um cartão de felicitações de Doug e Karen Campbell. Eles nos agradeceram por servir ao Senhor com tanta dedicação, e nos deram um vale-presente para um hotel em Waikiki, por três dias e duas noites!". Os Campbells eram uma família importante em nossa igreja. A atuação de Karen no ministério infantil, dentro da equipe liderada por Lisa, era simplesmente incrível. Doug era o gerente geral da rádio cristã local da época, e um grande incentivador do nosso ministério. Eles também tinham um filho que era líder estudantil da décima primeira série em nosso grupo de jovens, e que possuía um verdadeiro dom evangelístico. Um dos garotos mais divertidos que já passaram pela Hope Chapel Kane'ohe Bay.

Estava com tanta saudade da Lisa e das meninas, que mal podia esperar até que chegassem ao acampamento. Quando fiquei sabendo daquela boa notícia, não pude deixar de ficar animado pelo tempo que teria com a mulher mais bonita de todo o Havaí. Mas logo minha empolgação diminuiu.

Ela continuou: "Não é ótimo? Agora podemos ir, jejuar e orar sobre a igreja em Waikele". **Jejuar e orar?** As únicas orações que eu pensava em fazer em um hotel eram pela minha comida e por uma boa noite de sono. "Oração e jejum?", questionei. "Ninguém vai até

Waikiki para jejuar e orar, muito menos para assumir a liderança de uma igreja. As pessoas vão lá para comer e desfrutar da companhia umas das outras. Você entende o que quero dizer, não é? Querida, faz muito tempo que não passamos um tempo juntos...". Mas minha esposa, que é uma mulher de Provérbios 31, não seria dissuadida: "O Senhor está nos dando uma oportunidade para buscá-lO, Mike. Temos de levar isso a sério. Sinto cada vez mais que essa pode ser a vontade d'Ele para nós". E ela estava certa.

Essa foi a maneira de Deus nos dar um tempo ininterrupto para buscar Sua vontade. Logo parei de questionar se era Ele quem estava orquestrando tudo aquilo, como aconteceu no encontro "casual" com Ray Arney na igreja. Quem poderia discutir com a lógica de Lisa? O acampamento terminou e não pude deixar de me perguntar se não seria minha última vez naquela montanha.

JEJUANDO NA TERRA DA FARTURA

Em Waikiki, fizemos tudo conforme Lisa propôs. Passamos bastante tempo em oração. Caminhamos, conversamos, oramos um pouco mais, e eu comi muita salada. Porém o momento mais notável, para mim, deu-se no último dia. Arrumamos nossas malas, preparamo-nos para fazer o checkout e ir para casa. Mas, antes de sairmos, Lisa e eu precisávamos estar, de fato, na mesma página sobre aquela decisão.

CAPÍTULO 6
DEIXANDO O RINGUE: DIZENDO *"ALOHA"* AO QUE É CONFORTÁVEL

Uma coisa que aprendi ao longo dos anos foi a confiar na sabedoria da minha esposa. Recordo-me de segurar suas mãos e lhe perguntar: "Então, o que você acha sobre a proposta? O que o Senhor está lhe dizendo?". Ela respondeu: "Lembro-me de um tempo atrás, quando você pensou que estávamos prontos para plantar uma igreja em Portland, mas eu sabia em meu coração que aquela não era a hora certa, e o quanto ainda tínhamos de aprender com Ralph. Sempre acreditei que você foi chamado para ser um implantador, mas a situação nesse momento parece diferente. Olho para você e o vejo como Moisés, quando desceu a montanha depois de passar alguns dias com o Senhor — há um brilho em sua face (cf. Êxodo 34.29-35). Acredito que agora esteja pronto, e essa é a oportunidade de colocar isso em prática". Essas palavras significaram muito para mim. Saber que tinha o apoio de Lisa me ajudaria a concretizar qualquer coisa que o Senhor nos convocasse a fazer.

Ainda assim, batalhava com uma questão dentro de mim. Eu ouvia dizer que atender ao chamado de Deus seria superemocionante: Moisés e a sarça ardente (cf. Êxodo 3); Davi e a visita do profeta Samuel, acompanhada pela honra diante de sua família durante sua unção (cf. 1 Samuel 16.12-13). Todas essas coisas passaram pela minha cabeça. Estava esperando algum tipo de sinal do Céu, algo significativo, com um toque bem especial e sobrenatural. Isso me preocupou. Aguardava por uma coisa mais concreta, para a qual pudesse apontar e dizer com confiança que, assim como foi com Abraão, eu havia sido chamado pelo Espírito Santo para fazer as malas, sair da casa do meu pai e ir para uma terra que Ele me mostraria (cf. Gênesis 12.1).

No entanto, apesar de não receber a confirmação concreta que esperava, algo aconteceu naquela semana. Meu coração começou a mudar. Passei de uma atitude de autopreservação — tentando manter minha posição como pastor de jovens — e interesse próprio — permanecendo com o que era familiar e confortável — para uma total entrega. Apenas queria cumprir a vontade do Senhor. E se segui-lO em obediência significava deixar o que me era familiar e o que eu amava, sabia que não sairia perdendo. Então a conclusão era que, se Jesus me chamava para Waikele, eu estava disposto a ir.

E foi isso o que aconteceu. Minha percepção se transformou. Comecei a pensar na nova igreja e nas possibilidades que havia lá. Cristo estava me chamando para fora do barco, para que eu deixasse a segurança e caminhasse sobre o desconhecido. Refleti sobre essas coisas, algumas palavras proféticas que recebi de Jean Darnall um ano antes, e a respeito daquele dia em que ouvi a voz do Espírito Santo dentro do meu carro. Também me lembrei da minha conversa com Ray antes do acampamento, que foi um elemento crítico. Cheguei à conclusão de que

CAPÍTULO 6
DEIXANDO O RINGUE: DIZENDO "ALOHA" AO QUE É CONFORTÁVEL

era realmente o Senhor me chamando para um novo nível de fé e obediência. E a mudança em meu coração foi a prova disso para mim. Fui de alguém cuja resposta imediata era "não" para quem dizia: "Deus, eu irei aonde o Senhor quiser que eu vá, direi o que quiser que eu diga, farei o que quiser que eu faça e serei o que quiser que eu seja".

Depois de escutar as últimas considerações de Lisa, decidimos fazer uma aliança diante do Senhor naquele hotel. Pegamos as mãos um do outro e oramos. Saímos daquela sala com o compromisso de deixar a Hope Chapel Kane'ohe Bay e seguir para uma nova terra.

Na língua havaiana, a palavra *aloha* é bastante usada em vários cenários diferentes. Você será saudado com essa palavra, seja um turista que viaja para cá ou um estudante universitário que volta para casa nas férias. Sua tradução simples significa **olá**. Mas ela também tem dois outros significados. É usada, por exemplo, para expressarmos amor por alguém. O Havaí é conhecido como o "Estado *Aloha*", e dizem que nosso povo exala esse espírito afetuoso — o que é verdade, temos um grande amor pelas pessoas. Outro sentido dessa palavra é **adeus**. Bastante usada em aeroportos aqui, quando estamos nos despedindo de alguém que amamos. Nesse caso, eu estaria dizendo *aloha* a Hope Chapel Kane'ohe Bay e, de certa forma, a um chamado que havia negado por muito tempo.

UM MOMENTO MARCANTE

Sempre ouvimos falar a respeito de momentos marcantes. Muitas vezes, eles estão ligados a um lugar específico ou ao que fazemos. Para meus pais, foi o assassinato do presidente John F. Kennedy. Para mim, foi a explosão do ônibus espacial Challenger, em 28 de janeiro de 1986. Naquela tragédia, o astronauta Ellison Onizuka morreu, assim como outros seis astronautas. Um dia trágico. Ainda me lembro de assistir ao jornal em silêncio, atordoado. Estou dizendo isso, porque já desejei ser um astronauta, e, meses antes do acidente, Onizuka deu uma palestra em meu colégio, deixando-me inspirado a seguir um outro sonho de infância: ser um piloto de caça. O que testemunhei naquele dia foi um menino havaiano, de uma cidade pequena, que conseguiu superar os obstáculos colocados diante dele e se tornar um dos cidadãos mais importantes da minha nação. Aquilo me tocou de maneira profunda!

Outra geração diria que o 11 de setembro de 2001 foi o seu momento marcante.[3] Acontecimentos assim estão, muitas vezes, ligados a tragédias. No entanto, também podem estar relacionados a coisas que comumente celebramos. O primeiro beijo, uma

---

[3] N. E.: 11 de setembro foi o atentado terrorista que sequestrou aviões comerciais e os lançou contra as Torres Gêmeas (em Nova York) e o Pentágono (na Pensilvânia) causando milhares de mortes.

CAPÍTULO 6
DEIXANDO O RINGUE: DIZENDO *"ALOHA"* AO QUE É CONFORTÁVEL

cerimônia de formatura, um casamento, o nascimento de um filho — todos já vivemos ocasiões desse tipo.

Uma coisa interessante a respeito dessas situações é que podemos nos lembrar delas como se tivessem acontecido ontem, e parece que, quanto mais contamos a história ou, em alguns casos, acrescentamos detalhes à "lenda", mais vívida essa memória se torna. Estava vivendo uma experiência que se intensificaria nos minutos seguintes, quando liguei para Ralph enquanto Lisa e eu voltávamos de Waikiki:

— Oi, Ralph!

— Mike, como foi a viagem?

— Foi ótima! — respondi tentando conter a emoção. E continuei:

— Ralph, não tivemos a chance de conversar outra vez sobre a proposta de pastoreio da nova igreja. Eu queria saber se poderia discutir isso com você no seu escritório ainda hoje. Tipo, agora. Pode ser?

— Claro! Pode vir.

Deixei Lisa em casa e fui para lá. Bati na porta do Ralph e entrei. Depois de nos sentarmos, fiz duas perguntas importantes para as quais precisava de respostas antes de dizer "sim" à proposta em Waikele.

Sentei-me e respirei fundo.

— Ralph, preciso saber: por que você não quer me mandar para Honolulu? Por que Waikele?

Waikele fica a cerca de trinta minutos de carro do centro de Honolulu. A população da ilha de O'ahu era de, aproximadamente, um milhão de pessoas na época, com um grande número delas concentradas perto da capital, que tem o maior contingente do estado, muitas das quais vivem nos subúrbios vizinhos, ou em arranha-céus e condomínios.

Disse ao Ralph que, a meu ver, o melhor dos cenários seria ser enviado para onde a maioria das pessoas estava. Havia algumas megaigrejas fazendo um ótimo trabalho por lá e alcançando vidas naquela vizinhança, em conjunto com outras congregações menores da região. Sentia que se plantássemos uma nova igreja na área urbana de Honolulu, em vez de assumir uma com quinze anos em Waikele, poderíamos fazer o mesmo e obter resultados semelhantes.

— Eu pensei sobre isso — ele respondeu. — Mas me lembro do pastor Jack Hayford se mudando para o vale no sul da Califórnia e, embora sua igreja (Church on the Way — Van Nuys, CA) estivesse localizada longe do centro de Los Angeles, o crescimento também chegou até eles. Famílias mais jovens, que não tinham condições de morar próximas à cidade, começaram a comprar casas cada vez mais longe dos centros urbanos, e aquela congregação conseguiu atendê-las. Vejo o mesmo acontecendo com você!

Ainda que Waikele já fosse desenvolvida, as próximas fases da expansão residencial continuariam rumo ao oeste da ilha, passando pela cidade, e, depois, alcançando o norte. Na verdade, quando perguntei a

CAPÍTULO 6
DEIXANDO O RINGUE: DIZENDO "ALOHA" AO QUE É CONFORTÁVEL

um amigo, corretor de imóveis, sobre alguns dados demográficos da região, ele me disse que havia cento e cinquenta mil pessoas vivendo em um raio de três milhas! O potencial para uma grande colheita, de fato, era enorme.

Ralph continuou desenvolvendo o seu pensamento:

— Sabe os jovens que já passaram por seu ministério? Um dia, eles se casarão e se mudarão para aqueles lados, pois será o lugar mais acessível para pagarem. Eles começarão a frequentar sua igreja e a criar suas famílias lá.

Ele estava certo... anos depois, foi exatamente isso que aconteceu. Assim, a primeira questão foi respondida.

Já a pergunta seguinte foi mais difícil. Não tinha certeza de qual seria a sua reação àquele questionamento, e não era minha intenção desrespeitar Ralph de forma alguma. Mesmo assim, se fosse tomar uma decisão, precisava saber a verdade. Foi mais uma questão pessoal do que qualquer outra coisa. Fiquei bem nervoso naquele momento. Finalmente, disse:

— Você está tentando se livrar de mim para conseguir algo? O que estou querendo saber é... você quer abrir espaço para seu filho, Carl?

Ele olhou para mim e seu rosto ficou vermelho. Não sabia ao certo se o havia aborrecido, porém tinha certeza de que teria uma resposta. Com dor e doçura em seus olhos, Ralph me disse:

— Você é meu filho.

Uau! Aquele foi um momento profundo e marcante. Naquela hora, queria pular da cadeira, abraçá-lo e dizer: "Sim! Sim! Eu sou seu filho e você é meu pai. Você só quer o melhor para mim, não é? Obrigado, obrigado, Ralph! Eu irei. Vou a qualquer lugar que me enviar. Farei qualquer coisa. Lavarei seu carro, mudarei para a Mongólia, se quiser. Por quê? Porque eu sou seu filho, e você é meu pai, e em mim você... se... satisfaz!". Mas é claro que eu não fiz isso.

Não me lembro de tudo o que aconteceu depois, mas sei que me emocionei — e vou parar por aqui. Logo nos recompusemos, e começamos a planejar minha transição. Restavam duas semanas para realizar meu primeiro culto em Waikele, ser ungido com óleo, receber oração e ser formalmente apresentado à igreja. Nós não tínhamos tempo a perder.

Capítulo 7
ISSO É MENOR DO QUE VOCÊ IMAGINA: ENCARANDO DESAFIOS COM UMA NOVA PERSPECTIVA

> *Assim corro também eu, não sem meta; assim luto, não como desferindo golpes no ar.*
> (1 Coríntios 9.26)

Confesso que, olhando para trás, no início daquela empreitada, senti um certo medo do fracasso. No fundo, queria que a nova igreja crescesse mais do que o meu ministério de jovens. Sei que pode parecer estranho, mas, de alguma forma, sempre soube que Deus havia me preparado para liderar algo maior.

Não à toa, fui lapidado em uma comunidade que transbordava uma visão em longo prazo. Sob a liderança de Ralph, meus olhos testemunharam as possibilidades de pastorear uma grande congregação e alcançar milhares para Cristo. Não era por orgulho que eu esperava liderar mais pessoas; na verdade, eu temia não atingir meu potencial completamente. E se, por exemplo, não gostassem de mim? E se eu encontrasse membros que não estivessem dispostos a ser discipulados por um jovem sem experiência? E se a igreja não crescesse? Claro, eu sabia que Jesus era o responsável pelo amadurecimento de todos, ainda assim isso não significava que eu poderia ficar relaxando na praia: se eu não agisse, o rebanho também não cresceria.

Em meio a essas dúvidas, não demorou muito para que percebesse que apenas a fé em Deus e no que Ele estava chamando Lisa e eu para fazermos nos ajudaria a superar qualquer dilema. Contudo, essa confiança n'Ele necessitava crescer, até se tornar maior do que meus medos. Ao mesmo tempo, tinha de discernir em meu coração se estaria em paz com a possibilidade de pastorear uma igreja com menos de cem pessoas pelo resto da minha vida. Fiz um rápido exame de consciência e, então, disse ao Senhor e a mim mesmo: "Sim, se é o que o futuro me reserva, posso e quero viver isso".

AS COISAS SÃO O QUE SÃO

Os pastores que são fiéis aos seus rebanhos são os meus heróis. Nunca julgo um líder pelo tamanho da sua congregação. Sabe por quê? Porque eu mesmo não gosto de ser avaliado por esse motivo. Imagine se uma hierarquia fosse estabelecida levando em conta a quantidade de pessoas sob a tutela de cada pastor. Como já citei anteriormente, o princípio *pound for pound* nos mostra que não é o tamanho de uma comunidade,

CAPÍTULO 7
ISSO É MENOR DO QUE VOCÊ IMAGINA:
ENCARANDO DESAFIOS COM UMA NOVA PERSPECTIVA

empresa, ou boxeador que importa, e sim os resultados obtidos de acordo com aquilo que lhes foi concedido.

Nem todos recebem as mesmas ferramentas para trabalhar. Nem todos têm acesso a oportunidades semelhantes. Nem todos podem estudar em um seminário ou faculdade teológica, ou, ainda, ganhar **isso** e lutar por **aquilo**. Os servos da parábola de Jesus receberam quantias "segundo suas capacidades". Portanto, nossos "talentos" nunca serão iguais aos dos outros.

Infelizmente, não podemos mudar nosso ponto de partida. Provavelmente, quando criança, você chegou a desejar que seus pais fossem ricos, certo? (*Ok*, talvez eu seja o único que tenha sonhado com isso... ou não). O que estou querendo dizer é que, assim como ninguém pode alterar sua origem, não podemos mudar a quantidade de habilidades que recebemos no início da nossa jornada a serviço do Senhor. Devemos nos satisfazer com isso, sejam um, dois ou cinco talentos. Como naquela história, cada um de nós, sendo pastor ou não, será recompensado ou disciplinado pelo que fizer com o que lhe foi confiado, independentemente do tamanho. Essa é a verdade!

> NÃO É O TAMANHO DE UMA COMUNIDADE, EMPRESA, OU BOXEADOR QUE IMPORTA, E SIM OS RESULTADOS OBTIDOS DE ACORDO COM AQUILO QUE LHES FOI CONCEDIDO.

POUND FOR POUND:
CHAMADOS PARA DAR FRUTOS

Alguns capítulos atrás, falei um pouco a respeito dos números em um ministério. Apesar de não refletirem tudo, eles são uma boa métrica de crescimento. Claro, outros fatores podem ser levados em conta, como o desenvolvimento espiritual da congregação. Conseguimos examinar a "condição do nosso rebanho" com base em seu conhecimento da Bíblia e em sua vida de oração. Além disso, também devemos verificar a maturidade e o nível de comunhão entre todos. Para mim, um grande indicador de que um povo possui essas características é a maneira como ele dá testemunho àqueles que não são cristãos, e se continuam levando a sério a Grande Comissão: "Vá e faça discípulos!" (cf. Mateus 28.19), em qualquer contexto.

Uma das minhas preocupações sobre alguns irmãos que se declaram "maduros no Senhor" é que eles pensam que o evangelismo é um trabalho exclusivo dos pastores, ou um dom especial que poucos têm. Alguns chegam a dizer: "Já fui como você, garoto, mas agora que envelheci, deixo esse trabalho para os cristãos mais jovens". Essa é uma percepção totalmente errada.

Um discípulo genuíno medita na Palavra, discipula outros crentes, tem uma vida de oração constante, compartilha sua fé e leva pessoas a Cristo (ou, pelo menos, tenta fazer isso). Então, sim, o crescimento não é mensurado apenas por números, mas também pela saúde geral de um ministério ou organização. Se uma igreja é saudável, haverá evolução.

CAPÍTULO 7
ISSO É MENOR DO QUE VOCÊ IMAGINA:
ENCARANDO DESAFIOS COM UMA NOVA PERSPECTIVA

A MEDIOCRIDADE NUNCA É O OBJETIVO

Todavia, devemos estar atentos a todo instante para não nos tornarmos pessoas que se acostumam com aquilo que é razoável. Por exemplo, quando alguém decide se aventurar por conta própria em algo que sempre desejou, não pode ficar parado em pose de super-herói, declarando: "Agora que tive minha chance, farei o meu melhor para me tornar... (rufem os tambores, por favor) um **medíocre**! Sim, é isso! A mediocridade é meu objetivo!". Não, ninguém volta para a faculdade, depois de anos sem entrar em uma sala de aula, com a convicção de que irá mal nos estudos. Ao começar uma família, quem é que planeja criar filhos rebeldes ou trair seu cônjuge? Em todos esses casos, o fracasso nunca é a intenção inicial.

No entanto, neste momento, deixaremos a derrota de lado para tratar, especificamente, a respeito da "mediocridade". O Dicionário Webster define a palavra **medíocre** da seguinte maneira: "De moderada ou baixa qualidade; valor, habilidade ou desempenho comum; mais ou menos".

Quem quer ser definido dessa maneira? Isso aponta para uma pessoa sem fé ou perspectiva de futuro, como o servo que enterrou o seu talento. A razão pela qual não o classificaremos como alguém "abaixo da média" é porque, ao menos, ele recebeu **algo**. Ainda que não tenham sido dois ou cinco talentos, não podemos afirmar que ele foi ignorado por seu senhor. Uma responsabilidade lhe foi confiada. De todo modo, permita-me um pouco de liberdade para especular as razões pelas quais esse servo foi punido ao fim da história. Logo de cara, posso dizer que ele obteve um resultado medíocre **por causa da sua atitude**, que foi bem diferente da dos seus colegas.

Mas por que alguém faria isso? Por que uma pessoa nessa posição enterraria o que lhe foi dado, quando as instruções do mestre eram muito claras? É possível que ele tenha pensado: **"Um talento? Sério? Se acha que é isso que mereço, então qual a motivação para tentar multiplicá-lo? Eu retribuirei apenas o que você já está esperando de mim"**. Ou seja, ele provavelmente julgou seu valor como servo de acordo com a quantidade de talento que recebeu.

Algumas pessoas têm medo, ou percepções erradas, a respeito daquilo que foram presenteadas por um líder ou por Deus. Passei por isso em várias ocasiões. Já cheguei a ouvir de membros da minha equipe: "Não me sentia querido por você, por isso não fiz nada". Eles não me pediam esclarecimentos e ainda me culpavam pela sua falta de fidelidade! Minha resposta sempre foi a seguinte: "Com essa postura, você não durará muito tempo aqui".

Assim como o servo que recebeu apenas um talento, indivíduos assim quase sempre usam táticas questionáveis e dão desculpas esfarrapadas. O que pensava,

CAPÍTULO 7
ISSO É MENOR DO QUE VOCÊ IMAGINA:
ENCARANDO DESAFIOS COM UMA NOVA PERSPECTIVA

então, o servo da parábola? Tenho uma ideia: ele se contentava em ser mediano. Costumo dizer que a média descreve algo ou alguém que é **típico**, **comum** ou **ordinário**. E nisso está o cerne do problema.

VISÃO

Uma das principais causas desse comportamento é algo que está escasso hoje em dia: visão. Na verdade, grande parte dos meios em que estamos envolvidos promovem poucas razões para nos dedicarmos de corpo e alma, levando-nos ao contentamento com resultados medianos.

Na minha opinião, a maioria de nós começa a jornada da vida com grandes esperanças de fazer algo significativo. Todavia, quando nossos planos mais bem elaborados não se materializam como imaginávamos, recuamos e adequamos o tamanho da nossa visão ao de nossas circunstâncias. Por exemplo, no momento atual, você pode não estar onde projetou há um tempo em sua carreira profissional ou ministério, o que pode desanimá-lo e até paralisar sua **vontade de alcançar lugares mais altos**. Seu casamento pode não ter avançado a um nível maior de intimidade, como você idealizava durante o namoro e noivado; e, depois de anos tentando mudar um ao outro, a tentação é desistir e se contentar com um relacionamento que está preso à rotina.

Mais trágico ainda é ver aqueles que começaram desejando ser extraordinários em suas atividades e, por algum motivo, convenceram-se de que foram **chamados para serem medianos**. Às vezes, usamos certas expressões para nos confortar: "*Ah*, acho que não era para ser", ou "Não sou superdotado, então talvez isso não seja para mim". Em especial, percebo que, com o passar dos anos, muitos pastores perdem a confiança que tinham quando iniciaram suas trajetórias — eles se sentiam mais seguros para liderar uma grande igreja em seus primeiros dois anos do que em seu oitavo, nono ou décimo ano à frente do pastoreio. Explicarei isso melhor em um outro momento, mas, por enquanto, caro leitor, peço desde já que não acredite que você é chamado para ser mediano em nada. Somos filhos do Rei, e Ele nos deu uma herança. Você e eu fomos chamados para viver o extraordinário, e não apenas caminhar como seres comuns. O princípio *pound for pound* diz respeito a darmos **o melhor que podemos** em nossa "categoria de peso", independentemente do lugar onde estamos, ou o que desempenhamos até o instante em que fomos chamados por Deus.

AS FONTES DA MEDIOCRIDADE

Sendo assim, vamos expor duas fontes de mediocridade: a primeira é a cultura; e a outra, o conformismo. Em diversos lugares, muitos aceitam qualquer

CAPÍTULO 7
ISSO É MENOR DO QUE VOCÊ IMAGINA:
ENCARANDO DESAFIOS COM UMA NOVA PERSPECTIVA

coisa que é tida como "boa". Porém o Espírito Santo, por meio do apóstolo Paulo, ordena o seguinte: "E não vivam conforme os padrões deste mundo, mas deixem que Deus os transforme pela renovação da mente, para que possam experimentar qual é a boa, agradável e perfeita vontade de Deus" (Romanos 12.2). A definição com a qual quero lidar aqui tem a ver com alguém que se mistura ao pano de fundo da uniformidade.

No Japão, um país que amo e cujos habitantes são bastante gentis, o seguinte axioma na psique da cultura parece manter muitas pessoas atoladas na mediocridade: "O prego que se destaca é martelado". Consegue imaginar como essa ideia afeta aqueles que querem fazer algo além de seguir sua rotina diária? No entanto, se você andar pelas estações de trem, ou for aos lugares que os jovens frequentam, verá um ou outro que se sobressai na multidão. Eles se vestem com

> VOCÊ E EU FOMOS CHAMADOS PARA VIVER O EXTRAORDINÁRIO, E NÃO APENAS CAMINHAR COMO SERES COMUNS.

elegância e, aparentemente, não se importam em ser "o prego que se destaca". Por mais que possam ser taxados de "rebeldes", seu comportamento não é, de maneira alguma, conformista.

Por anos, inúmeras pessoas disseram ser impossível construir uma igreja que crescesse e fosse influente no Japão, o que não é verdade. Tenho amigos que se mudaram para lá pela fé, apesar das probabilidades não serem muito convidativas. Sabiam de todas as tentativas fracassadas em uma nação que era chamada de "cemitério de missionários" e, mesmo assim, decidiram arriscar-se. Contrariando todas as probabilidades, hoje muitos deles pastoreiam comunidades vibrantes, relevantes e produtivas. Milhares de pessoas frequentam seus cultos e a idade média da congregação é de vinte e cinco anos! Certa vez, um amigo me disse que ele simplesmente decidiu não dar atenção aos relatórios pessimistas; que foi "ingênuo" o suficiente para ignorá-los. Ele e tantos outros não se contentaram com as circunstâncias. Em vez disso, escolheram transformar um país pelo poder do Evangelho.

Durante a minha juventude, também lutei contra o conformismo que havia me sufocado por anos. Algo aconteceu quando tinha apenas onze anos, e carrego isso comigo até o presente. A Universidade do Havaí em Hilo Vulcans venceu o campeonato de basquete NAIA[1] de 1977-78, e a escola primária onde eu cursava recebeu duas estrelas desse time: Jay "The Bird" Bartholomew, e um dos meus jogadores favoritos, Bill O'Rear. Ele conseguia controlar uma bola, assim como Houdini[2] sabia manusear um baralho de cartas. Em um certo momento da visita, Bill pediu dois voluntários da

---

[1] N. E.: campeonato nacional de basquete da Associação Nacional de Atletismo Intercollegiate.

[2] N. E.: Houdini foi um ilusionista americano que ficou conhecido por suas grandes fugas em suas apresentações.

CAPÍTULO 7
ISSO É MENOR DO QUE VOCÊ IMAGINA:
ENCARANDO DESAFIOS COM UMA NOVA PERSPECTIVA

plateia. Amigos apontaram para mim e para outro menino da minha classe. Embora ele fosse mais alto (assim como a maioria dos garotos da minha idade naquela época), eu era um dos melhores quando se tratava de basquete. O meu rival, por outro lado, era muito esperto e mais popular com as garotas.

Então Bill nos chamou, e as crianças aplaudiram. Eu era um pouco tímido, porém me senti orgulhoso de representar as esperanças e sonhos dos meus amigos. Meu ídolo nos mostrou um exercício de manuseio da bola que nos colocava de frente um para o outro, um pouco curvados, com as mãos para trás. Ele explicou que, quando soltasse a bola, deveríamos esperar por seu terceiro quique e, então, estaríamos livres para estender a mão e pegá-la. O primeiro garoto a alcançá-la seria o vencedor, e aquele que conseguisse fazer isso duas vezes em três tentativas seria declarado o campeão do universo. Coisas do ensino fundamental...

Devido à minha forte semelhança com Flash Gordon[3], com meus músculos de contração rápida nos antebraços e ombros, e a rapidez das minhas mãos, ganhei a primeira rodada. Meu adversário contra-atacou e venceu o segundo round. A tensão começou a aumentar. Todos os alunos, do terceiro ao sexto ano, que tinham alguma familiaridade com os outros fatores que permeavam aquela competição, sabiam que o domínio sobre

---

[3] N. E.: herói de uma tira de jornal de aventura e ficção científica originalmente desenhada por Alex Raymond.

o playground e a supremacia social estavam em jogo. No entanto, em questão de segundos, a maior parte da torcida passou a acreditar na vitória do meu oponente e a gritar o nome dele! Para minha tristeza, quaisquer vozes que me apoiavam foram abafadas pela multidão. Ou talvez tivessem me traído. Foi nesse momento em que passei a questionar se realmente deveria dar tudo de mim para vencer.

Comecei a pensar: **"Não é para eu vencer! Ninguém espera isso, e já nem quero mais também"**. Tomei uma decisão baseada na conformidade da situação e perdi a terceira e última rodada de propósito. Assim que acabamos o exercício, fiquei no meio da quadra e parabenizei o outro jogador (que, até hoje, é um grande amigo meu), enquanto agia como se minha derrota tivesse sido inevitável. Uma pena.

Mas por que será que fiz isso? Porque pensei que o melhor para todos seria agir como eles esperavam. Eu aceitei aquela situação. *Ok*, sei que foi coisa da sexta série; entretanto, será que não continuamos fazendo isso às vezes? Não nos rebaixamos a certas escolhas, com medo de nos destacar? Não decidimos que é melhor nos misturarmos com a massa, comportando-nos de acordo com o que se espera de nós? Se continuasse a ter esse tipo de pensamento quando adulto, nossa igreja, provavelmente, não seria o que é hoje. Essas atitudes nos mantêm pensando e sonhando pequeno, e isso nos impede de nos tornar tudo o que Deus quer que sejamos.

CAPÍTULO 7
ISSO É MENOR DO QUE VOCÊ IMAGINA:
ENCARANDO DESAFIOS COM UMA NOVA PERSPECTIVA

Nesse sentido, a cultura havaiana é um pouco parecida com a do Japão (e com algumas outras). Temos a tendência de nos escondermos em meio aos demais, em vez de nos distinguirmos. Quem sabe, isso ocorra no seu contexto atual?! Como se algo em sua mente lhe dissesse que você não merece ter sucesso. Quando isso acontece, estamos propensos a recuar e diminuir o tamanho dos nossos sonhos e objetivos. Se você acredita não merecer reconhecimento, por que mais alguém seria digno, certo? Contudo, apesar de a persistência em determinadas circunstâncias gerar críticas, também pode nos conduzir à liberdade.

> **APESAR DE A PERSISTÊNCIA EM DETERMINADAS CIRCUNSTÂNCIAS GERAR CRÍTICAS, TAMBÉM PODE NOS CONDUZIR À LIBERDADE.**

Lembro-me de ser a criança que quebrava vários dos brinquedos que ganhava no Natal para descobrir como eles funcionavam por dentro. Eu os desmantelava, mas não tinha ideia de como montá-los de volta! Apreciava a oportunidade de tentar descobrir como operavam, e carreguei esse interesse até a idade adulta.

Enquanto estava na equipe da Hope Chapel Kane'ohe Bay, por exemplo, caso não entendesse uma decisão ou não concordasse com ela, sempre questionava o seu porquê. Chegando ao fim do meu tempo lá, reorganizamos toda a estrutura ministerial. Na época, questionei, com respeito, o motivo de algumas coisas serem feitas de determinada maneira, e propus outras opções. Não era a direção que meus superiores desejavam seguir, e eu sabia disso. Nesse caso, e em outros, percebi que alguns dos meus colegas ficaram irritados comigo. Às vezes, até os via revirando os olhos, provavelmente pensando: **"Lá vem ele de novo"**.

Não é fácil se posicionar e fazer perguntas difíceis. Nunca fui rebelde, mas sempre quis entender a "razão" das decisões que eram tomadas, assim eu poderia apoiá-las. Claro, entendia a questão da autoridade, como a Bíblia nos ensina; mesmo quando não ficava convencido, era capaz de seguir a visão e estratégia da liderança. Houve momentos em que não concordei com alguma ordem (não que isso importasse), porém sabia o raciocínio envolvido e me "adaptava". Se tivesse sucumbido à pressão de alguns colegas, e me conformado de maneira nada saudável, não sei ao certo como as coisas teriam acontecido para Lisa e eu. Vale a pena questionar certas coisas.

Capítulo 8
A CULTURA DOS ADVERSÁRIOS: CONSEQUÊNCIA DA NEGLIGÊNCIA OU PROPÓSITO?

> *Porque nós somos para com Deus o bom perfume de Cristo, tanto entre os que estão sendo salvos como entre os que estão se perdendo. Para com estes, cheiro de morte para morte; para com aqueles, aroma de vida para vida. Quem, porém, é capaz de fazer estas coisas?* (2 Coríntios 2.15-16)

Pessoas do mundo inteiro viajam até o Havaí para surfar, curtir as praias e apreciar sua beleza natural. De todos os lugares lindos existentes no mundo, parece que o Senhor fez algo especial nas redondezas do Oceano Pacífico. É como se, durante a Criação, Ele tivesse dito: "Querem ver algo incrível? Aqui está!". E *voilá*! Havaí!

Se você ainda não teve a oportunidade de visitá-lo, espero que consiga conversar com alguém que já passou um tempo aqui. Com certeza, falarão sobre as areias brancas, o mar azul cristalino da Costa Norte, a vegetação exuberante de Kaua'i e os vulcões da Ilha Havaí. Acredito que, eventualmente, também mencionarão o nosso povo. O modo de vida que temos causa um grande impacto em todos, sendo os havaianos os maiores responsáveis por perpetuá-lo.

Caso fosse escolher um aspecto específico para abordar, começaria pela língua e por seu papel crítico na conservação dos costumes e valores do nosso Estado. Retire o *'olelo* (língua dos povos originários das ilhas) e a cultura havaiana desaparecerá.

Esse idioma é caracterizado por várias palavras-chave. Por exemplo, tenha você nascido aqui ou não, os hábitos havaianos são de *'ohana*, isto é, família. Acreditamos no forte valor dessa palavra. Além disso, a palavra *hanai* (adoção) refere-se à prática comum do nosso povo em acolher as pessoas. Saber somente desse detalhe já não desperta uma vontade enorme de embarcar em um avião e conhecer as nossas ilhas o quanto antes?

Esse atributo de preservação e propagação da cultura — nesse caso, a cultura organizacional — também estava muito presente na estrutura da minha antiga igreja. Por ter sido gerado e treinado em um local com uma cultura muito forte, tinha a convicção de

CAPÍTULO 8
A CULTURA DOS ADVERSÁRIOS: CONSEQUÊNCIA DA NEGLIGÊNCIA OU PROPÓSITO?

que precisava fazer o mesmo pela Hope Chapel West O'ahu. Por outro lado, também sabia o que não desejava para essa nova temporada.

Antes de seguirmos adiante, permita-me definir cultura da maneira como a vejo no contexto de uma igreja ou organização: **cultura é a essência e o fundamento. Ela molda os costumes e valores, o que, por sua vez, determina o sucesso da instituição**. A atmosfera dos ambientes que compõem esse lugar influencia diretamente o seu nível de frutificação. Isso pode ser aplicado a uma família, a um clube, e a quase tudo que envolva grupos de pessoas.

Falando, em especial, sobre times esportivos, sempre me recordo dos Green Bay Packers dos anos 1960 e 1970. Seu treinador, Vince Lombardi, foi considerado um dos grandes sábios do futebol americano de todos os tempos. Poderíamos também pensar no Boston Celtics das décadas de 1950 e 1960, e falar sobre o misticismo do Boston Garden[1] (ou Gah-den, se você for da Nova Inglaterra), o piso de parquet e os leprechauns[2] que compõem a mística desse time.

---

[1] N. E.: Boston Garden foi um estádio de hóquei e basquete nos Estados Unidos, o qual foi a "casa" do time de basquete Boston Celtics, além de ter sido palco de grandes jogos e shows de artistas renomados.

[2] N. E.: leprechaun é uma figura folclórica da Irlanda. Trata-se de um duende verde que, além de ser um forte símbolo da cultura do país, também é o mascote do time de basquete Boston Celtics.

POUND FOR POUND:
CHAMADOS PARA DAR FRUTOS

O técnico do Celtics, Red Auerbach, exigiu que os jogadores mais velhos da equipe orientassem os mais jovens, criando uma cultura de instrução que resultou em oito títulos de 1959 a 1966. Podemos olhar para John Wooden, treinador dos times masculinos de basquete da UCLA Bruins que ganharam dez títulos da NCAA, incluindo sete seguidos de 1967 a 1973. Certa vez, Wooden disse que nunca precisou gritar em um jogo, pois fazia isso nos treinos. Para ele, se o time treinasse bem, jogaria bem.

A primeira coisa que percebíamos em todas essas equipes era a cultura de "vencedor". Elas sempre estavam em busca do triunfo. Como? Bem, possuíam um grande talento, mas não só isso. Afinal, pode-se ter as pessoas mais habilidosas do mundo em um time... se elas não souberem trabalhar juntas, todo o potencial será desperdiçado. O lendário treinador de beisebol, Casey Stengel, disse uma vez: "É fácil conseguir bons jogadores. O difícil é fazê-los jogarem juntos!". Os Packers, Celtics e Bruins alcançaram esse feito.

Em todos esses exemplos, os treinadores foram, sem dúvida, um dos fatores primordiais para que o sucesso fosse obtido. Acredito que cada um dos técnicos lendários que mencionei assumiu a responsabilidade pela cultura em suas equipes. Toda prática saudável e clara realizada com diligência, em qualquer organização, tem uma grande probabilidade de carregar muitas vitórias e títulos.

CAPÍTULO 8
A CULTURA DOS ADVERSÁRIOS: CONSEQUÊNCIA DA NEGLIGÊNCIA OU PROPÓSITO?

CRIE A CULTURA, OU SOFRA A IMPOSIÇÃO DE UMA

Em minha opinião, ou estabelecemos a cultura que desejamos, ou sofremos com a imposição de alguma outra. Se você não estabelecer o *modus operandi* em seu time, os jogadores farão isso. Se abdicar desse dever essencial como líder de um ministério, perderá uma de suas ferramentas mais poderosas. No entanto, se for intencional nesse intento, todos prosperarão. Essa dinâmica também funciona em nossa família. Como pais, podemos determinar a conduta que o nosso lar terá. Quando não tomamos essa iniciativa, nossos filhos acabam adquirindo certos costumes indesejados. Seja qual for a esfera em que você exerce influência, posicione-se a favor de hábitos saudáveis ou sofra as consequências. Ao relegar essa incumbência a outros, não espere que os resultados atendam às suas expectativas.

Então, que tipo de cultura **você possui**? Gosta do que vê, ou fica irritado com o jeito como as coisas se encontram hoje? Caso a resposta seja negativa, assuma a responsabilidade de transformar seu meio, exercendo o papel de "arquiteto" nessa dinâmica.

Uma convocação dessa importância precisa ser respondida sem hesitação por qualquer líder consciente, seja de uma igreja, empresa ou organização. No entanto, a cultura também pode ser moldada por aqueles que não estão no topo da hierarquia. Os novos membros que se juntam a nós, por exemplo, aprendem como as coisas funcionam em nossa igreja, a Inspire Church. Esse processo de absorção pode não ser tão rápido assim, mas gera belos frutos ao longo do tempo. Evidentemente, não esperamos que descubram tudo sozinhos. Seria injusto e até mesmo um erro da nossa parte. A melhor forma de fazer isso é explicando sobre a estrutura da casa quantas vezes forem necessárias e deixar que eles a **observem em ação** no cotidiano. Uma vez que a visualizam e entendem, esperamos que também se tornem seus contribuintes e guardiões — protegendo o que é valioso aos nossos corações.

IDENTIFICANDO PROBLEMAS NA CULTURA

Seguindo essa lógica, a primeira coisa que devemos fazer para moldar a cultura de um lugar é identificar o quanto ela está presente nesse ambiente. Acredito que você já tenha entrado em um escritório ou em uma casa e percebido alguma tensão, simplesmente atentando-se a pequenos detalhes. Talvez exista a sensação de que todos ali pareçam estar no limite. Se essa for uma situação recorrente, é provável que o estresse tenha se tornado parte da conduta desse local há um tempo. Você pode evitar enfrentá-la no início, mas precisa ser honesto consigo mesmo e permitir que os outros sejam também. Assim, não tenha medo de dar nome ao problema. Se for algo tóxico, trate-o com a devida importância e cuidado. Caso exista algum aspecto ou costume que não

CAPÍTULO 8
A CULTURA DOS ADVERSÁRIOS: CONSEQUÊNCIA DA NEGLIGÊNCIA OU PROPÓSITO?

concorde, posicione-se com clareza para que isso mude. Como em quase tudo, o primeiro passo é crucial. E, tratando-se de cura, libertação e integridade, necessitamos admitir o que está errado, dizendo: "As coisas não podem mais permanecer dessa maneira".

Lembro-me de uma noite, nos tempos em que ainda pastoreava os jovens da minha antiga igreja, em que duas mulheres, com aproximadamente vinte anos, visitaram nosso ministério. Elas eram da YWAM[3] (ou JOCUM, em português) da ilha de Maui, e estavam de passagem em O'ahu, onde ficariam algumas semanas. Pareciam ser firmes na fé, e descobri que uma delas se movia no profético. Na época, eu não era muito familiarizado com esse dom espiritual, mas queria muito "experimentar" esse fluir do Espírito Santo.

Então, desejando me aventurar em um terreno relativamente desconhecido para mim, cometi um erro de principiante. Dei àquela moça a oportunidade de se dirigir aos nossos jovens com "tudo o que Deus colocasse em seu coração". Ela se levantou e, com grande carisma e confiança, disse: "O Senhor está me mostrando uma falta de unidade neste ministério... **blá, blá, blá**...". Com certeza, você pode imaginar o que eu pensei quando aquelas palavras saíram da sua boca. **"Não**

---

[3] N. E.: Youth With a Mission (Jovens Com Uma Missão, ou JOCUM) é uma organização cristã evangélica, fundada por Loren Cunningham, empenhada na mobilização de jovens de todas as nações para a obra missionária.

era isso que eu esperava! Meu Deus... Ela está errada! Quem é essa moça? Quem a convidou afinal? E quem a deixou falar? *Ah*, sim. Eu. Você é um burro por ter dado a palavra a ela, Michael Kai!".

Passados alguns dias, depois de me acalmar, percebi que ela estava certa. E eu odiava ter de admitir. Agora, se aquilo fora profético ou não, não sei ao certo. Posso dizer, por experiência própria, que, se vamos a um lugar onde há desunião, não é preciso ser "espiritual" para discernir que há algo estranho na atmosfera. Como um peixe fora d'água, podemos sentir que alguma coisa está diferente quando adentramos um ambiente desses. Nesse caso, foi necessário que alguém de fora viesse até mim e dissesse que havia um erro em nossa estrutura de tal modo que aquilo já havia se tornado normal para mim. Ou seja, o primeiro passo para transformar uma cultura é: **identificar os problemas**.

ADMITINDO QUE HÁ PROBLEMAS NA CULTURA

Depois de realizar esse diagnóstico, a segunda coisa a se fazer é **admitir que as falhas são reais**. Essa parte foi a mais difícil para mim. Passei alguns dias em negação. Mas, enquanto orava e refletia sobre isso, percebi que precisava fazer algumas mudanças. Às vezes, a coisa mais difícil é dar o braço a torcer.

É como uma história que ouvi certa vez sobre um fazendeiro que tinha um cão de caça chorando em sua

CAPÍTULO 8
A CULTURA DOS ADVERSÁRIOS: CONSEQUÊNCIA DA NEGLIGÊNCIA OU PROPÓSITO?

varanda. Seu vizinho, a alguns hectares de distância, pegou o trator dele e foi àquela propriedade, perguntando-se por que diabos o animal se queixava por tanto tempo e tão alto.

Então ele chegou à casa, subiu as escadas, foi até a varanda, olhou para o cachorro e disse: "Por que seu cão de caça está chorando, Billy Bob?". O velho fazendeiro, sentado em sua cadeira de balanço, olhou para o vizinho, tirou o cachimbo da boca e respondeu: "Bem onde ele está sentado existe um prego, Jimmy Joe. O pobre animal está com um pouco de dor". Jimmy Joe questionou o vizinho: "E você não fará nada?". Billy Bob retrucou: "Quando ele finalmente admitir que tem um problema, poderei ajudá-lo. Mas até que desista de suportar a dor sozinho, não posso fazer nada por ele. Talvez ele não tenha sofrido o suficiente!".

Moral da história: quando existir uma dificuldade em sua vida, assuma! Tenho certeza de que você não é como esse velho cão de caça.

Por fim, após **identificar** e **admitir que há um problema na cultura**, vem o terceiro passo: **lidar com isso**.

LIDANDO COM O PROBLEMA

O obstáculo presente na cultura do nosso ministério de jovens carecia de resolução. Eu conhecia o diagnóstico; agora precisava seguir a "prescrição" para iniciar um tratamento. Caso contrário, a estrutura inteira seria lentamente corroída. Todos tinham muito a perder se não mudássemos a situação. Seria trágico se agíssemos como o homem descrito em Tiago 1.23-24: ele olhou o espelho, virou-se, foi embora e esqueceu como era sua aparência, **não fez nada a respeito disso**. Logo, não é suficiente sabermos da existência de um problema. Devemos ter a coragem necessária para lutar contra ele e modificar as características negativas do nosso meio. Naquela época, eu não conseguia entender essa questão de maneira completa, por causa da minha falta de experiência, hoje, porém, as coisas são diferentes. Demorou um pouco para darmos a volta por cima, mas vencemos a tempo de termos resultados saudáveis.

> NÃO É SUFICIENTE SABERMOS DA EXISTÊNCIA DE UM PROBLEMA. DEVEMOS TER A CORAGEM NECESSÁRIA PARA LUTAR CONTRA ELE E MODIFICAR AS CARACTERÍSTICAS NEGATIVAS DO NOSSO MEIO.

Em meus anos como líder da Inspire Church, também lidei com os efeitos da desunião se infiltrando em nossa cultura. Antes de entrar em detalhes, permita-me dizer que fui obrigado a aprender como confrontar as pessoas, bem como a instigar certos embates para chegar a uma solução pacífica. Acredito firmemente que, se o destino das nossas famílias, locais de trabalho ou ministérios é a **paz**, devemos passar por um pedágio chamado **conflito**. **Há um preço a se pagar pela**

CAPÍTULO 8
A CULTURA DOS ADVERSÁRIOS: CONSEQUÊNCIA DA NEGLIGÊNCIA OU PROPÓSITO?

harmonia. Todos nós a desejamos, sem levar em conta o que isso pode nos custar, de modo que toleramos coisas que não deveriam ser aceitas de jeito nenhum. Evitar o problema isenta quem está envolvido com ele da responsabilidade, e frustra quem sofre com suas consequências. Eu precisava intervir naquela situação com rapidez! Contudo, confrontar e instigar as conversas difíceis é uma habilidade que desenvolvi ao longo dos anos; muitas vezes, teremos de fazer isso para que o equilíbrio se estabeleça. Jesus nos chamou para sermos pacificadores, e não apenas mantenedores da paz.

> JESUS NOS CHAMOU PARA SERMOS PACIFICADORES, E NÃO APENAS MANTENEDORES DA PAZ.

Cada caso de desunião envolvia uma pessoa específica. Eu identificava facilmente as consequências (frutos) desses episódios, mas tinha de cavar mais fundo e descobrir as suas causas. Com o tempo, encontrava a fonte (raiz) do problema. As três principais ocorrências, como de costume, envolviam indivíduos muito próximos a mim, e também algumas questões relacionadas ao nosso trabalho.

Em certos momentos, perguntava-me o porquê de estarmos apenas "flutuando", sendo que nos encontrávamos em um "iate", um veículo construído para atingir velocidade. Não conseguia perceber, mas nosso ministério não avançava tão rápido quanto esperávamos. Os ventos eram favoráveis e nossas velas estavam bem abertas. Trabalhávamos bastante, alcançando muitas pessoas para Jesus. Tínhamos um nível elevado de impulso e, além disso, estávamos prestes a nos mudar para novas instalações, ainda melhores que as atuais. Mas, mesmo assim, tudo parecia um pouco travado.

Então, por meio de algumas circunstâncias bem peculiares e dolorosas, o Espírito Santo revelou qual era o obstáculo e suas causas. Depois que esse discernimento veio à tona, percebi que o nosso "iate" arrastava sua âncora o tempo inteiro. Aparentemente, tudo estava ótimo acima da superfície. Todos os sistemas funcionavam, ou pareciam funcionar. Havia rostos sorridentes no convés. Mas o "peso", que, na verdade, era um dos membros da equipe ministerial, impedia a nossa aceleração.

Após a dor e o choque iniciais, tive de expor o que estava acontecendo ao grupo. Como afirmei anteriormente, essa harmonia tem um custo, e o incômodo temporário era necessário para encontrar a cura a longo prazo. Todos foram impactos de alguma maneira. As pessoas que estavam debaixo da sua tutela enfrentaram a dor de dizer *aloha* ao seu líder. É bem provável que sua família tenha tido dificuldades financeiras em consequência das suas ações. Eu também paguei um preço alto, com ansiedade, férias quase arruinadas (uma vez que não conseguia parar de pensar naquilo) e, acima de tudo, sendo machucado, porque não esperava que a situação chegasse àquele ponto. No

CAPÍTULO 8
A CULTURA DOS ADVERSÁRIOS: CONSEQUÊNCIA DA NEGLIGÊNCIA OU PROPÓSITO?

fundo, sou um pastor, amo minhas ovelhas, e quero receber o mesmo sentimento de volta. É verdade que nós alcançamos a paz, mas o confronto custou caro. Em compensação, apenas ao soltar a âncora, conseguimos avançar pelo oceano.

Muitos de nós não gostam dos conflitos e, como resultado, não alcançam a plenitude que desejam. Líderes que não querem (ou não sabem como) confrontar um caso ou pessoa problemática, talvez por medo das consequências, deixam que as coisas permaneçam como estão, e acabam perdendo o seu controle. Foi o que aconteceu conosco no cenário que mencionei.

A situação começou relativamente pequena, porém se espalhou para outros membros da equipe e líderes. Sou grato por termos resolvido essa questão a tempo de lidarmos com as limitações daqueles que não conseguiram ou não quiseram confrontar essa pessoa. Nesse processo, podem surgir alguns exageros que beiram o abuso, pois muitos não foram treinados para um embate saudável. Se você é pastor ou gestor, é bem importante adquirir essa habilidade ou encontrar alguém em sua equipe que tenha autoridade para fazer isso. Não podemos tolerar a desunião! Em todo caso, quando uma pessoa difícil for contestada, tenha sempre esperança de que ela se arrependa e mude. Mas, se isso não acontecer, deixe-a ir embora.

É por isso que, tratando-se de cultura, tudo o que você tolera logo se torna familiar, o "novo normal".

Como na história do sapo na panela, você sequer perceberá a água fervendo, porque, conforme a temperatura aumentar, acabará adaptado a ela. Depois, não reclame se for tarde demais para escapar de lá.[4]

> **TRATANDO-SE DE CULTURA, TUDO O QUE VOCÊ TOLERA LOGO SE TORNA FAMILIAR, O "NOVO NORMAL".**

Outra coisa que aprendi com esse episódio é que podemos debater com algumas pessoas quando a situação ainda está "saudável". O quanto antes fizermos isso, melhor será para alcançarmos os resultados desejados. Por causa de tudo o que aconteceu, conseguimos até mesmo ensinar às nossas filhas como realizar um confronto saudável, seguindo os princípios de Jesus relatados em Mateus 18.15, para melhorarem suas amizades, ou falarem com seus treinadores e professores.

MUDANDO A CULTURA

Se você quiser mudar sua cultura, comece descobrindo qual é, especificamente, a fonte do agravamento.

---

[4] N. E.: essa é uma parábola popular que conta que, ao introduzir um sapo em uma panela, enchê-la com água e colocá-la no fogo, o anfíbio se ajusta às condições da água, permanecendo lá dentro sem qualquer problema. Com o aumento da temperatura, o sapo continua do mesmo modo, pois seu corpo não dá indicativos de que algo está errado. Devido a essa adaptação, quando a água atinge um ponto de fervura, o animal é incapaz de reagir.

CAPÍTULO 8
A CULTURA DOS ADVERSÁRIOS: CONSEQUÊNCIA DA NEGLIGÊNCIA OU PROPÓSITO?

Talvez o que atrapalha a sua eficácia seja uma política ou procedimento. Ou, pior, pode ser uma pessoa, como ocorreu na minha antiga igreja. Independentemente do que for, ou de quem quer que seja, a questão deve ser avaliada. Alguns acham difícil fazer as mudanças necessárias quando descobrem a origem dos seus conflitos. É comparável a quem vai ao médico e retorna com a notícia de que têm diabetes, por exemplo. Então, em vez de realizar o tratamento adequado, nunca mais realiza outro check-up, não toma as medicações prescritas nem muda sua dieta. Sem uma atitude, encara a possibilidade de perder a visão, sofrer uma amputação e até morrer. A lição é óbvia, não acha? Faça as mudanças necessárias! Às vezes, isso significa dizer *aloha* a alguém.

> SE VOCÊ QUISER MUDAR SUA CULTURA, COMECE DESCOBRINDO QUAL É, ESPECIFICAMENTE, A FONTE DO AGRAVAMENTO.

Depois de remover os indícios mais evidentes, deixe claro como tudo deve ser daqui para frente, e elimine qualquer coisa que não esteja alinhada a essa convicção. Você tem de estar seguro do seu posicionamento, e dizer: "Isso não fará mais parte de quem somos", adequando o que for necessário. Tenho certeza de que algumas transições serão difíceis de implementar, porque podem envolver a saída de pessoas que não estão dispostas a aceitar uma nova cultura ou melhorar a existente. Pode ser complicado, mas valerá a pena. Depois de ter feito o árduo trabalho de limpeza, invista naquilo que precisa ser restaurado. Proteja e guarde os seus costumes. Assim, com diligência e acompanhamento cuidadosos, você e sua organização começarão a **crescer e se desenvolver** mais uma vez.

CRIANDO A CULTURA QUE VOCÊ DESEJA

Como mencionei antes: ou criamos uma cultura ou sofreremos com a imposição de outra. Saiba disso: sem uma abordagem intencional da liderança nesse sentido, a conduta do ambiente terá como padrão um nível muito baixo. Você deve assumir a responsabilidade de estabelecer algo sadio e funcional.

Mas e se tiver dificuldade em articular essa questão? Um dos melhores jeitos de se começar a fazer isso é **determinando o que você não quer**. E isso é fácil. O que você não aceitará dentro da sua igreja ou organização? O que observou em um outro cenário que o fez pensar: **"Nós definitivamente não queremos que isso aconteça aqui"**? Anote cada um desses problemas de maneira específica.

Depois de finalizar a sua lista, comece a enumerar aquilo que deseja. Feche os olhos e responda a seguinte frase: **a igreja que imagino é** _____. Simples assim. Eu gostaria de ter definido esses valores desde o meu primeiro dia atuando como pastor. Guardava todos esses parâmetros em minha mente, mas, se houvesse traduzido esse anseio em palavras, externando cada um desses pontos com ações efetivas, evitaríamos diversos problemas no futuro. Então, por favor, não leia isso e deixe para trabalhar nesses assuntos daqui a muito tempo; planeje sua declaração de cultura hoje mesmo.

Por trás de toda grande equipe há um *esprit de corps*[5], ou uma moral, e, antes disso, está uma cultura, que deve ser articulada, expressa e ensinada. Combine todos esses elementos e você descobrirá como, de forma orgânica, hábitos positivos serão assimilados por todos. Uma vez que o grupo estiver cercado por uma atmosfera desse tipo, ele naturalmente terá vitórias — e não há limite para o que Deus pode fazer com uma comunidade assim.

---

[5] N. E.: francês para "espírito de corpo", termo utilizado para caracterizar sentimentos compartilhados por um mesmo grupo.

Capítulo 9
VOCÊ TEM O QUE PRECISA: DEFININDO SUA REALIDADE ATUAL

> *[...] receber a sua porção e desfrutar do seu trabalho, isto é dom de Deus.* (Eclesiastes 5.19)

Minhas filhas, Courtney, Rebekah e Charis, possuem uma diferença de nove anos de idade uma para a outra, um fato que carrega seus prós e contras. Uma das desvantagens é que elas sempre se encontram em estágios diferentes da vida. Além disso, como ainda são muito novas, Lisa e eu as teremos em casa por muito, muito tempo. Sei o que alguns de vocês podem estar pensando: **"Mas isso deveria ser uma alegria e um privilégio"**. Fique tranquilo! Minhas meninas são uma bênção, sou grato a Deus por cada uma delas e por suas singularidades. Contudo, levando em conta suas personalidades e a responsabilidade de criá-las com a medida certa de afeto e correção, também encontramos alguns desafios e surpresas ao longo do processo.

Anos atrás, minha caçula, Charis (pronuncia-se Ka-riss; um nome grego que significa "graça"), comprou um presente de aniversário para Rebekah com sua mesada. Algo bem impressionante para uma criança de apenas cinco anos. Porém Bekah não demonstrou o apreço esperado pela irmã. Triste, Charis correu para Lisa, chorando: "Bekah não gostou do meu presente. Ela é muito má, mamãe!". A aniversariante, que estava por perto, tentou confortá-la da melhor forma que podia, mas nossa pequena não deu o braço a torcer. Charis se afastou de minha esposa, virou-se e disse uma frase que me lembrou a parábola dos talentos. Com o rosto cheio de lágrimas, minha caçula afirmou bem séria: "Bekah! Você recebe o que precisa!".

Isso é tão verdadeiro, não é?

DE SAÍDA

Voltando aos últimos acontecimentos da minha vida ministerial, havia chegado o momento de informar a Hope Chapel Kane'ohe Bay sobre minha mudança. E precisávamos fazer isso com rapidez, pois nossa chegada a Waikele aconteceria dentro de algumas semanas. Minha nova congregação queria me apresentar como pastor o quanto antes, por isso não havia tempo a perder. Não estaríamos plantando uma comunidade do zero, seria mais como um "replantio", de modo que requereria uma estratégia diferente da nossa parte. Em circunstâncias normais, Ralph nos

CAPÍTULO 9
VOCÊ TEM O QUE PRECISA: DEFININDO SUA REALIDADE ATUAL

daria um ano para realizarmos reuniões, formarmos nossa equipe *core*[1] e, assim, começarmos bem, contando com todos os tipos de recursos. Porém não era esse o caso. Tínhamos uma semana! Eu estava um pouco preocupado com esse prazo, mas hoje, quando me lembro dessa situação, percebo que dispunha de tudo o que realmente precisava. Aqueles que o Senhor de fato chamasse para essa obra viriam comigo. E como minha filha diria: "Você já recebeu o que precisa!".

Naquele fim de semana, Ralph anunciou à igreja sobre a minha transição. Ele pediu que eu subisse ao púlpito e, então, abençoou-me e me comissionou. Sendo bem sincero, esperava ficar mais emocionado. De todo modo, não me desvincularia deles por completo naquela hora, pois Lisa ainda trabalharia na Hope Chapel Kane'ohe Bay por um tempo; Rebekah e Courtney também permaneceriam por lá.

Após o último culto, realizamos uma reunião para sabermos quem estaria interessado em se mudar para a nova igreja comigo. Esperei ansiosamente por esse momento. Cerca de quarenta pessoas apareceram. Isso era tudo o que eu precisava. Cada uma delas era preciosa para mim. E lembro-me de contar todas elas. Não me importava com o fato de que tínhamos vinte adultos e vinte crianças. Cada um ali era importante, e teria considerado até as baratas, se alguma tivesse aparecido. Se

---

[1] N. E.: significa a parte básica e mais importante de algo; centro, núcleo.

uma grávida também viesse, somaria três pessoas ao meu cálculo, torcendo que ela estivesse esperando por gêmeos.

Na igreja de Waikele, houve outro encontro na semana anterior à minha posse. Mais vinte pessoas compareceram. Em minha cabeça, todos estavam sentados, com os braços cruzados, pensando: "Vamos aguardar e ver como esse pastor jovem e arrogante vai nos liderar". Mas a verdade é que muitos estavam empolgados com a minha chegada, especialmente pela experiência que eu tinha com o pastor Ralph. Alguns haviam me conhecido nos meus tempos de marketing multinível. Também encontrei pessoas céticas e preocupadas com aquela mudança. "Quanto tempo você vai ficar aqui?", uma senhora chegou a perguntar. **"Por mais tempo do que você"**, pensei comigo mesmo. "Não quero ser tratado como um número", outro disse. Desde o início, lidei com certa oposição.

PERSPECTIVAS

Mais tarde, olhei pasmo para o superintendente da divisão que estava coordenando a minha transferência. Tínhamos examinado as economias, o livro razão[2], o registro de membros e os estatutos da igreja em Waikele. Foi quando descobri que, além da quantia

---

[2] N. E.: utilizado por comerciantes para obter o índice do livro diário (no qual empresas escrituram suas movimentações diariamente).

CAPÍTULO 9
VOCÊ TEM O QUE PRECISA: DEFININDO SUA REALIDADE ATUAL

na conta corrente, uma soma pequena e direcionada aos custos operacionais mensais, havia uma reserva de quinze mil dólares. Era muito dinheiro, quase três vezes o montante com o qual costumava gerenciar meu antigo ministério de jovens. Para financiar uma comunidade como aquela, não era tanto assim, mas aos meus olhos aquilo parecia uma fortuna. Enxerguei aquele dinheiro como **uma semente**. E tinha planos de como plantá-la. Eu era ingênuo e, graças a essa inocência, não houve empecilhos na minha mente quanto ao que fazer. Analisei o valor, que me pareceu ser um presente, e o encarei como uma oportunidade de ser ousado.

Não conseguia acreditar que uma reserva daquele tamanho estava parada em nossa conta. Parecia um desperdício mantê-la rendendo menos de dois por cento de juros, quando poderia ser usada para propósitos maiores. Acho que minha simplicidade me fez considerar aquele contexto de uma forma diferente. Em vez de pensar: "Preciso guardar esse dinheiro para uma emergência futura", concluí: "Aqui está uma bela chance de utilizar esses recursos para promover algo extraordinário à nossa igreja!".

Amo uma citação de C. T. Studd[3], que diz o seguinte: "Existem muitos jogadores excelentes, mas poucos que jogam para o time de Deus. Onde estão

---

[3] N. E.: missionário britânico, colaborador de *The Fundamentals* e jogador de críquete.

os jogadores do time de Deus?". No Havaí, consideramos Las Vegas como a "Nona Ilha", porque muitos dos nossos habitantes que a visitam acabam se mudando para lá. Inclusive, meus pais agora chamam o bairro de Henderson, no subúrbio de LV, de lar. Muitas vezes, achamos que é fácil apostar em um cassino, bastando apenas que aceitemos a possibilidade de perder grandes quantias de dinheiro. Mas, quando se trata de colocar tudo em risco por Deus, parece que hesitamos facilmente. Por que isso acontece?

Talvez meus planos para aquele dinheiro tenham seguido essa lógica, afinal eu o usei para comprar laptops e pagar por publicidade. Também compramos dois celulares Nextel, que apelidei de "*Next-to-Hell*" ("próximo ao inferno", em português), porque sua recepção de sinal era péssima! Conseguimos um anúncio na estação de rádio cristã da região, logo após a transmissão do programa do pastor Ralph. Através do nome da Hope Chapel e da influência do meu mentor, a comunidade local conheceu mais sobre nossa congregação em West O'ahu. Pouco tempo depois, conquistamos mais um espaço na rádio mais ouvida do estado, bem como no jornal local, na lista telefônica, por meio do novo site da igreja, e das divulgações em cartazes. A maior parte do dinheiro foi investida como **semente** nessa disseminação.

Entenda que não fizemos tudo isso pensando que a propaganda seria suficiente para alcançarmos milhares de pessoas para Jesus, de modo que poderíamos apenas

CAPÍTULO 9
VOCÊ TEM O QUE PRECISA: DEFININDO SUA REALIDADE ATUAL

esperar que elas enchessem nossos bancos no domingo. A equipe que veio conosco, e toda a liderança, não ficou sentada sem fazer nada. Todos nós trabalhamos. Fizemos caminhadas de oração pela comunidade, nas quais entregamos panfletos, de porta em porta, divulgando nossa igreja. Também servimos em escolas e cidades vizinhas. Eu sabia que, em algum momento, isso geraria frutos. O solo precisava ser arado, enquanto mantínhamos as pragas afastadas. Nosso novo terreno deveria ser regado, ao mesmo tempo que já nos preparávamos para o próximo ciclo. Por isso, também fertilizamos a terra para mantê-la nas condições apropriadas. Essa nova perspectiva nos permitiu ver as circunstâncias de um ângulo diferenciado, e arriscar como nunca antes.

PENSE COM CLAREZA

Há um imenso poder na maneira como observamos as coisas. Enquanto uma pessoa pode enxergar uma situação de um modo, outra pode ver o mesmo cenário de um jeito totalmente distinto. Ter uma nova perspectiva é importante. Isso nos conduz a pensar com clareza.

Sendo um pastor, empresário ou pai, quando estiver lidando com muitas questões complexas, ou vivendo um momento em que pessoas dependem de você — e da sua postura ante a certos dilemas, sendo que não há mais ninguém para assumir a essa responsabilidade —, é crucial passar um tempo com o Senhor, orar por iluminação e buscar uma análise diferente, a fim de ver as situações sob outra ótica. Nesse momento, surgirão opiniões discordantes, e talvez você fique tentado a saber o que os outros estão pensando. Porém o essencial é escutar o que Deus tem a dizer, acima de toda e qualquer voz.

O QUE VOCÊ TEM É TUDO DE QUE PRECISA

A partir dessa reflexão, podemos chegar a duas concepções sobre aquilo que temos: uma baseada na mentalidade de pobreza, e outra em que acreditamos possuir mais do que o necessário.

A primeira é caracterizada por sentimentos de escassez, e uma atitude que reflete um coração mesquinho. Essa perspectiva pode ser prejudicial a qualquer empreendimento. Uma das minhas passagens favoritas no Antigo Testamento é a história de Eliseu e a viúva (cf. 2 Reis 4.1-7). Em uma época de seca e fome em Israel, Eliseu, um profeta, visitou uma viúva. Ela, por sua vez, resolveu chamá-lo em busca de respostas e consolo. Com a dor estampada em seu rosto, caiu aos pés do homem de Deus, dizendo que seu marido estava morto e que, agora, ela não tinha nada em casa para alimentar seus dois filhos pequenos (cf. 2 Reis 4.1-2). Tenha em

> O ESSENCIAL É ESCUTAR O QUE DEUS TEM A DIZER, ACIMA DE TODA E QUALQUER VOZ.

CAPÍTULO 9
VOCÊ TEM O QUE PRECISA: DEFININDO SUA REALIDADE ATUAL

mente que nenhum outro detalhe acerca do que os dois conversaram é mencionado na Bíblia, além dos quatro versículos iniciais do capítulo. Então imagino que, somente após consolar a viúva, Eliseu tenha olhado para ela e dito em um tom suave: "[...] O que posso fazer por você? Diga-me o que é que você tem em casa [...]" (2 Reis 4.2). Ela não deve ter pensado muito para responder, porque havia feito um inventário do que restava nas últimas semanas. Quando não existem muitos itens em nossa despensa, focamos justamente naquilo que está faltando.

Como aquela viúva, muitos hoje podem estar desesperados e se sentindo derrotados. Talvez, você já tenha olhado para o seu talão de cheques sem saber se conseguiria pagar a conta de luz, e ficou apenas esperando o momento em que ela seria cortada. Vários dias se passam, mas parece que nada muda; os números continuam mostrando que você está com o saldo negativo no banco. Ou então, pode estar olhando pela janela, imaginando quando seu filho ou filha rebelde voltará para casa; ou encarando o espelho, refletindo sobre como os anos se passaram rapidamente, e você e seu cônjuge se distanciaram.

Consigo entendê-lo caso tenha parado de tentar, uma vez que as circunstâncias o lembram constantemente do que lhe falta. Você poderia tentar ignorar o talão de cheques, o espelho e a vista da janela, na esperança de que, se não encarasse mais o problema, ele deixaria de existir. Quem sabe, é por isso que alguns pastores não olham os relatórios de presença nos cultos, ou as ofertas semanais, mais de uma vez por mês?! Suas reuniões de equipe e do conselho ministerial tornaram-se repetitivas, porque mais nada acontece de relevante dentro da comunidade, e esses encontros servem apenas como um lembrete inevitável das adversidades, e não do que deveria ocorrer.

Às vezes, nós nos sentimos tão derrotados pelas circunstâncias que, assim como a viúva, quase nos esquecemos de que há um pouco de óleo na despensa — ainda resta **alguma coisa**! Ter algo é sempre melhor do que não ter nada. Um talento é sempre melhor do que mãos vazias. Em nosso caso, o "óleo" pode representar as esperanças, sonhos e recursos remanescentes que antes eram abundantes, mas agora estão diminuindo. Inevitavelmente, à medida que o nosso estoque reduz, a visão segue o mesmo caminho. Por outro lado, dependendo de como o percebemos, o óleo também pode significar algo totalmente diferente. Ele pode simbolizar o que temos, em vez da constatação da escassez. A resposta da viúva à pergunta de Eliseu dá a entender justamente isso: "[...] Esta sua serva não tem nada em casa, a não ser um jarro de azeite" (2 Reis 4.2).

ALÉM DAS PAREDES DO LAGAR

Quando nos preocupamos demais com um problema, dificilmente vemos algo além dele. Como em

CAPÍTULO 9
VOCÊ TEM O QUE PRECISA: DEFININDO SUA REALIDADE ATUAL

um espetáculo teatral, ao sentar-se na primeira fileira, sua mente lhe dirá para se concentrar no que está à sua frente, em vez de buscar um vislumbre do que transcende as cenas. Talvez você se encontre como Gideão, nos tempos em que malhava trigo em um lagar (cf. Juízes 6), oprimido por uma visão limitada. Sua vida é incapaz de prosseguir, porque não há nenhum vento ao redor para afastar o joio e o lixo dos seus grãos. E isso está impedindo que você reconheça as coisas boas com as quais Deus o abençoou. Existe uma sensação de sufocamento e cansaço. O último lugar onde desejaria separar sua colheita seria um ambiente recluso como o que está agora. Frustrado, descansa apoiado na sua forquilha, e reage como Gideão ao ouvir o chamado do Anjo do Senhor: "[...] *Ah!* Meu senhor! Se o Senhor Deus está conosco, por que nos aconteceu tudo isto? E onde estão todas as suas maravilhas que os nossos pais nos contaram? [...]" (Juízes 6.13).

> VOCÊ TEM O QUE PRECISA, E ISSO É TUDO O QUE DEUS QUER PARA LHE FAZER AVANÇAR.

Mas eu afirmo: é necessário que você saia do lagar! Suba o monte e permita-se alcançar um novo ponto de vista daquilo que o cerca. Você tem o que precisa, e isso é tudo o que Deus quer para lhe fazer avançar. Contudo, alcançar um alto lugar é bem diferente de montar em um cavalo alto; essa atitude por si só não o coloca em movimento, porém permite que você tenha sua visão renovada. Então, levante-se, rompa de vez com o isolamento, e tenha uma perspectiva a partir de um terreno elevado.

ESTÁ BEM DIANTE DOS SEUS OLHOS

Você já perdeu suas chaves alguma vez (como eu) e, depois de procurá-las, percebeu que estavam bem debaixo do seu nariz? Se sim, acho que podemos ser bons amigos um dia. Acredito que foi isso que aquela viúva fez naquele momento. Por quê? Porque focou em sua dor e na dificuldade que havia em sua casa. E quem poderia culpá-la por isso? Ao se concentrar em seus problemas, ela não conseguiu perceber que aquilo que possuía era mais do que suficiente para a realização de um milagre. Leia a resposta dela mais uma vez, prestando atenção em um detalhe: "[...] a não ser [...]" (2 Reis 4.2).

> **LEVANTE-SE, ROMPA DE VEZ COM O ISOLAMENTO, E TENHA UMA PERSPECTIVA A PARTIR DE UM TERRENO ELEVADO.**

Quando começamos a Inspire Church, eu olhava para algumas das igrejas mais bem-sucedidas que existiam na época e me sentia frustrado. Isso não aconteceu apenas no nosso primeiro ano, mas se repetiu várias outras vezes. Eu espiava por cima da cerca dos outros pastores e dizia: "Nossa, se nossos líderes fossem assim...", ou: "Se tivéssemos uma equipe de mídias igual a essa...".

CAPÍTULO 9
VOCÊ TEM O QUE PRECISA: DEFININDO SUA REALIDADE ATUAL

Dessa forma, comecei a desvalorizar o que Deus já havia me dado. Meu foco estava muito mais naquilo que não possuía. Vivenciei um longo processo de aprendizado para começar a valorizar as coisas com as quais fui abençoado. Só então pude aproveitá-las ao máximo!

Ser tão agraciado também possui suas condições. Por conta das demandas que administro na igreja, raramente assisto aos jogos do meu time de futebol americano, os Warriors, da Universidade do Havaí, que acontecem aos sábados à noite. De vez em quando, porém, consigo ir a alguma partida. Um dos nossos maiores rivais é o Fresno State Bulldogs, que, anteriormente, foi treinado por Pat Hill, uma lenda do esporte. Ele não era o tipo de técnico que ficava apenas andando para cima e para baixo na linha lateral do campo; mas agia como o dono daquela área. Seu bigode Fu Manchu[4] o fazia parecer com uma morsa, e sua paixão pelo jogo pagava cada centavo gasto no ingresso, somente pela oportunidade de vê-lo coordenando sua equipe.

Hill contava com diversas partidas em seu currículo, e o principal lema dos Bulldogs sob a sua liderança era: "A qualquer hora, em qualquer lugar". É como se ele estivesse dizendo: "Vamos lá! Não importa quem

---

[4] N. E.: Fu Manchu foi um personagem fictício de alguns romances criados pelo autor inglês Sax Rohmer. O bigode, que cresce totalmente a partir do lábio superior e vai até o queixo, tornou-se conhecido devido a esse estilo utilizado pelo protagonista.

seja nosso adversário: USC, Penn State ou Alabama... vamos jogar com tudo o que temos!". Sempre admirei demais a postura dele.

Certa vez, ele disse algo muito marcante em entrevista a um jornal local. Um repórter perguntou se universidades maiores o procuravam para ser o técnico de seus times. Hill respondeu: "Todo mundo me pergunta se a grama é mais verde do outro lado da cerca, tentando imaginar se cogito mudar para pastos mais verdes que o meu, independentemente do que isso signifique. Eu penso o seguinte: 'Cuide da sua própria grama!'".

Essa fala esteve escrita na parede do meu escritório por vários anos, e estará sempre gravada na minha memória. Por quê? Porque contém a essência da parábola dos talentos. **Cuide da sua própria grama!** Pare de se preocupar com o que você não tem e comece a olhar para o que está em suas mãos; aproveite suas habilidades ao máximo, porque a verdade é que **você tem o que precisa!**

Para a viúva, derramar em outras vasilhas o pouco azeite que ainda restava, a fim de multiplicá-lo, não fazia sentido. Afinal, se fizesse, não haveria a necessidade da intervenção de um homem de Deus. Porém, ela precisou aprender, por intermédio da vida de Eliseu, que, nas mãos do Pai, o que ela tinha era

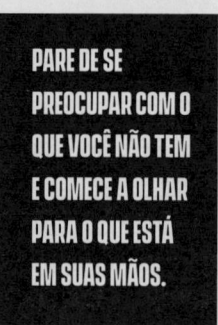

> PARE DE SE PREOCUPAR COM O QUE VOCÊ NÃO TEM E COMECE A OLHAR PARA O QUE ESTÁ EM SUAS MÃOS.

"mais do que suficiente". A viúva necessitava de uma amostra do Seu cuidado por ela. Tudo o que Ele queria era derramar Seu favor e provisão na casa daquela mulher, bastava apenas que ela fizesse sua parte no milagre.

Capítulo 10
A ARTE DE INICIAR: COMEÇOS PEQUENOS E HUMILDES

O seu primeiro estado parecerá pequeno comparado com a grandeza do seu último estado.
(Jó 8.7)

Pois quem despreza o dia dos humildes começos, esse ficará alegre ao ver o prumo nas mãos de Zorobabel. Aqueles sete olhos são os olhos do Senhor, que percorrem toda a terra.
(Zacarias 4.10)

Além da nossa equipe e membros, o primeiro domingo na Hope Chapel West O'ahu (nome da nossa igreja durante oito anos, antes de se tornar Inspire Church) foi marcado pela presença de vários conhecidos da nossa antiga congregação. Eu estava nervoso e animado com o culto e a oportunidade que o Senhor havia confiado a nós. Não me recordo muito bem daquele primeiro sermão. No entanto, lembro-me de reunir todo o nosso staff (que, em breve, seria parte da liderança), orar a Deus agradecendo por aquele dia, e cumprimentar a todos com um *high five*. Vale ressaltar que a maioria das famílias da Hope Chapel Kane'ohe Bay, que toparam aquela nova empreitada conosco, também fizeram enormes sacrifícios.

PRINCÍPIOS HUMILDES

Meu primeiro escritório era lindo. Todo mobiliado, com uma incrível variedade de livros que preenchiam as prateleiras de parede a parede. Havia café, quesadillas de frango e wi-fi gratuito. Pessoas enchiam minha sala todos os dias, das dez da manhã às nove da noite. Não pagávamos aluguel, havia banheiros decentes e grandes janelas de vidro com vista para o shopping Waikele. Tínhamos até segurança! Eu me sentia bem protegido em minhas novas instalações. Dizia à igreja: "Se vocês quiserem me encontrar, sempre estarei por lá. Fica do outro lado da rua, em frente à livraria Borders".

Eu e Randy Kimura, a primeira pessoa que se comprometeu a nos ajudar no recomeço da igreja, possuíamos laptops novinhos em folha, e aqueles telefones celulares "*Next-to-Hell*" que mencionei no capítulo anterior. Instalei o software mais recente da Bíblia em meu computador e, pronto, estávamos preparados e "abertos para os negócios". Continuei trabalhando com o ministério de jovens Hope Chapel Kane'ohe Bay de setembro a dezembro de 2001, ao mesmo tempo em

CAPÍTULO 10
A ARTE DE INICIAR: COMEÇOS PEQUENOS E HUMILDES

que pastoreava a igreja em Waikele, enquanto Randy cuidava das operações do dia a dia. Ele foi nosso primeiro funcionário em tempo integral.

Depois de alguns meses, percebemos a necessidade de uma sala onde pudéssemos agrupar a equipe e um lugar onde eu conseguisse estudar — já que minha casa ficava a trinta minutos de distância. Deus sempre proveu tudo! Um amigo, que era dono de uma empresa de armários e janelas, emprestou-me um espaço com mesa (sem cobrar aluguel) no mezanino dos seus escritórios, em um complexo industrial. Comprei apenas uma boa cadeira e conectei o telefone fixo diretamente à nossa linha com o número da igreja. Nesse novo endereço, realizávamos as nossas reuniões, aulas para novos convertidos, encontros de jovens da nossa localidade, e quase tudo relacionado ao ministério. No final do primeiro ano, a congregação já havia aumentado para cerca de duzentos e cinquenta membros.

Nesse período inicial, a maior parte da equipe não era de funcionários em tempo integral, eles apenas recebiam uma ajuda de custo a cada mês. Outros irmãos ofertavam seu tempo ao Senhor, atuando como voluntários. Embora o nosso começo tenha sido pequeno, nós pensávamos grande. Como regra geral, Ralph me ensinou que somente quarenta por cento da renda mensal da comunidade deveria ser dedicada a salários e benefícios.

Com isso em mente, o auxílio aos nossos colaboradores não contratados foi colocado em jogo. Sou muito grato por aqueles que sacrificaram tempo e recursos para estabelecer uma grande base para a igreja. Randy, por exemplo, abandonou uma carreira na área de seguros para nos ajudar e, até hoje, ele atua em nossa equipe, liderando o Ministério Connect. Ele merece um prêmio por trabalhar conosco há tantos anos! Mas, falando sério, nós crescemos muito em nossas diferentes funções nos últimos dez anos, e sou realmente feliz por ainda sermos um time. A verdade é que, se tivesse de fazer tudo de novo, Randy ainda seria o primeiro a quem escolheria.

PEQUENOS COMEÇOS TAMBÉM SÃO GRANDES

É fácil olhar para uma igreja, ministério, negócio, ou qualquer outra instituição bem administrada, e chegar a uma infinidade de conclusões equivocadas. Muitas vezes, alguns indivíduos observam quem nos tornamos, e concluem que foi simples alcançar esse patamar. De vez em quando, somos chamados de "favoritos do Senhor". Veem nossa congregação, que hoje conta com milhares de pessoas, mas não sabem que começamos apenas com um fio de esperança. Pensam que sempre tivemos a estrutura e presença na comunidade que temos atualmente. Mas não! Levamos sete anos para chegar a mil membros. Poucos sabem que lidei com problemas de identidade como pastor, precisei superar enormes inseguranças e o medo do fracasso.

CAPÍTULO 10
A ARTE DE INICIAR: COMEÇOS PEQUENOS E HUMILDES

Ninguém viu a nossa Conferência de Liderança Equip and Inspire, no primeiro ano, quando mal conseguimos reunir duzentas pessoas para participar e **pagar** a entrada. Não, não foi fácil, porém fomos abençoados com o favor do Alto.

> A BÊNÇÃO VEM APENAS QUANDO ESTAMOS PREPARADOS PARA RECEBÊ-LA.

Não sei bem explicar essa questão, mas acredito que a bênção vem apenas quando estamos preparados para recebê-la. Creio, também, que nosso zelo em tudo o que fazemos nos torna favoráveis às dádivas de Deus.

Mesmo assim, no início, as coisas não pareciam acontecer rápido o suficiente. Era como se a igreja fosse um neném, e eu olhasse para ela engatinhando no chão, e reclamasse: "Quando você vai começar a andar?". Eu me perguntava: "**Por que o bebê está demorando tanto para crescer? Não podemos fazer algo para que isso aconteça mais rapidamente?**".

Ridículo, não? Mas era essa a minha concepção em relação à nossa congregação. Assim como fiz com minhas filhas, tive de chegar à conclusão de que precisava desfrutar de cada fase do crescimento.

Naquele momento, era difícil não reparar em outras igrejas, e a minha competitividade apenas atrapalhava. Sabendo disso, eu deveria estar sempre atento para não ceder à comparação, pois, certamente, esse comportamento seria prejudicial; o melhor que eu podia fazer era admirar e aprender com outros ministérios.

Contudo, essa parte também era desafiadora. Se temos carências ou distorções em nossa autoimagem, fazemos da crítica aos demais uma alternativa para nos sentir melhor. No contexto de liderança, quando olhamos para uma comunidade maior, podemos dizer coisas como: "*Ah,* essa igreja é grande, mas somente em números"; ou: "Eles não sabem discipular as pessoas". Ao estarmos cientes desse cenário, necessitamos examinar constantemente nossas intenções, focando no aprimoramento do nosso próprio potencial.

> SE TEMOS CARÊNCIAS OU DISTORÇÕES EM NOSSA AUTOIMAGEM, FAZEMOS DA CRÍTICA AOS DEMAIS UMA ALTERNATIVA PARA NOS SENTIR MELHOR.

Então, em vez de continuar cobiçando o que os outros haviam realizado, decidi que os utilizaria como fonte de inspiração. Eu me matriculei no Pacific Rim Bible College (agora Pacific Rim Christian College), uma faculdade bíblica da New Hope O'ahu. As aulas de liderança e pregação foram de extrema importância para mim, e contribuíram para tudo o que aprendi durante meus anos na Hope Chapel Kane'ohe Bay. Comecei a estagiar lá mesmo e, em vez de me sentir intimidado pela dimensão daquela igreja, aproveitei o seu *ethos*[1] e aquilo que a fazia funcionar. Nessa época,

---

[1] N. E.: conjunto dos costumes e hábitos fundamentais, no âmbito do comportamento e da cultura (valores, ideias ou crenças), característicos de determinada coletividade, época ou região.

CAPÍTULO 10
A ARTE DE INICIAR: COMEÇOS PEQUENOS E HUMILDES

aprendi especialmente sobre duas coisas: magnitude e excelência. Quando digo magnitude, refiro-me ao tamanho da visão. Afinal, ninguém conseguiria edificar uma comunidade assim do nada em pleno Havaí dos anos 1800, quando a Igreja Congregacional Haili floresceu, durante o Segundo Grande Despertar[2].

Não vou a nenhum lugar para criticar. Nós sabemos que já existem críticos o suficiente sentados nos bancos das igrejas; por isso, lembro-me e acredito nas palavras de Jesus: "Pois com o critério com que vocês julgarem vocês serão julgados; e com a medida com que vocês tiverem medido vocês também serão medidos" (Mateus 7.2). Mesmo que participe de um workshop ou conferência nos quais não me sinta tão impactado quanto gostaria, oro para receber tudo o que Deus deseja me entregar, com mente e coração abertos.

Na mesma medida, creio que atitudes pessimistas podem ser grandes impedimentos para o crescimento de uma igreja. Se um dia você estiver em algum lugar com os braços cruzados, e um olhar no rosto que diz: "Espero que isso seja bom...", fique atento, porque em Provérbios 16.18 está escrito: "Antes da ruína vem a soberba, e o espírito orgulhoso precede a queda". Fico realmente irritado quando me deparo com posturas desse tipo! Em primeiro lugar, um comportamento assim é errado, pois expressa desonra. Levo tudo muito

---

[2] N. E.: segunda onda de avivamento ocorrida nos Estados Unidos nas décadas de 1790 a 1840.

a sério quando o assunto é valorizar pessoas, seja com minha atenção ou com algo mais, independentemente do que elas possam fazer por mim. Respeito e reverência nunca são demais. Além disso, ao sustentarmos uma conduta negativa, nós nos fechamos para o *rhema*[3] (ou revelação) que o Senhor deseja manifestar por meio daqueles que estão ao nosso redor. Penso que Ele Se entristece quando Seus filhos não estão abertos a aprender com os outros.

CRESCIMENTO POR MEIO DA MULTIPLICAÇÃO

Há um ditado que diz o seguinte: "Bons valores são mais fáceis de serem assimilados do que ensinados". Acredito que essa seja uma afirmação muito precisa. Os primeiros anos de meu desenvolvimento como pastor e líder foram críticos. Pelos meus cálculos, passei quase mil horas em reuniões de equipe e discipulado com o pastor Ralph. Como resultado desse tempo de preparação, combinado às lições informais que aprendi em sua piscina ou enquanto trabalhávamos juntos arrumando meu carro, minha capacidade de gestão aumentou. Adquiri muita sabedoria e, por consequência, posso usar esse mesmo conhecimento para orientar outras pessoas.

Nesse tempo, também desenvolvi uma mentalidade de multiplicação, à qual o discipulado está

---

[3] N. E.: aquilo que é ou foi proferido por viva voz, algo falado, palavra.

CAPÍTULO 10
A ARTE DE INICIAR: COMEÇOS PEQUENOS E HUMILDES

intrinsecamente ligado. No decorrer dessa convivência tão íntima, compreendi um pouco melhor a ordem de Jesus de fazermos discípulos (cf. Mateus 28.19). A meu ver, os pequenos grupos são o motor principal desse princípio. E, desde o primeiro dia, fizemos uso desse sistema, que tem sido utilizado pela Hope Chapel há anos.

Como mencionei anteriormente, o conceito de mini-igreja, ou pequenos grupos, é baseado em Atos 2.42-47. E não haveria como mantermos uma "sensação de pequena comunidade" sem ele. Por meio desses ajuntamentos, conseguimos discipular a congregação semanalmente e de maneira bem próxima.

Em um pequeno grupo, você encontra todos os elementos descritos na passagem de Atos dos Apóstolos. Há ensino, comunhão, louvor a Deus e oração. Essas são as dinâmicas mais importantes em que os discípulos são formados — sem contar a comida que todos trazem aos encontros, criando um banquete! Cada mini-igreja revisa o sermão do culto do domingo anterior, e discute duas perguntas simples: "O que o Espírito Santo lhe disse com a mensagem?" e "O que você vai fazer com isso?". Imagino que seja possível explicar o funcionamento dessa estrutura de um jeito mais sofisticado, mas, na realidade, tudo é bem descomplicado.

Ali, aprendemos a replicar a comunidade, multiplicar a liderança e oferecer sabedoria divina ao Corpo; ministrar uns aos outros, mover-nos em dons do Espírito Santo e muito mais, tudo com a simplicidade dessas reuniões. Assim como uma igreja "dá à luz" a outra igreja, pequenos grupos geram outros pequenos grupos.

UM COMEÇO É UM COMEÇO

Eu poderia encarar nosso início como inferior ao de outros ministérios. Alguns já são abençoados com centenas de pessoas logo de cara, ou com uma equipe remunerada, equipamentos de vídeo, iluminação e sistemas de som de última geração. Talvez estabeleçam um campus-satélite e, aos poucos, cortem o cordão umbilical, tornando-se independentes. Isso é um grande começo! No futuro, também pretendemos plantar comunidades nesses moldes. Todos sabemos que isso é possível, apesar de termos consciência de que "[...] àquele a quem muito foi dado, muito lhe será exigido [...]" (Lucas 12.48). Essas são as famosas igrejas de cinco talentos. Por outro lado, da mesma forma que existem diversas maneiras para pastorear e liderar um rebanho, também há mais de um jeito de desenvolver algo novo.

Em geral, quase todo início é limitado, e as probabilidades parecem estar contra nós. Contudo, quando o Senhor está à frente, os menores detalhes do passado, aos quais nem daríamos tanta importância, podem ser úteis. Alguns membros da nossa igreja leram *The prayer of Jabez* (*A oração de Jabez*, em português), escrito por

CAPÍTULO 10
A ARTE DE INICIAR: COMEÇOS PEQUENOS E HUMILDES

Bruce Wilkinson há mais de dez anos, e mal sabíamos como as palavras de 1 Crônicas 4.9-10 nos influenciariam tanto. A oração feita por Jabez nessa passagem foi ousada! Ele pediu a Deus que o abençoasse. E a razão pela qual considero essa atitude fora do comum é a sensação de que muitos cristãos hoje parecem se esquivar de um pedido como esse. Não vemos problema nenhum em clamar ao Pai para que Ele providencie nossa comida, dê-nos um dia de paz, e proteja aqueles a quem amamos. Mas acreditamos que seríamos irresponsáveis, e até ofensivos, se solicitássemos o Seu favor da maneira como Jabez fez. De fato, essa não foi uma súplica comum. De acordo com Charles R. Swindoll, em seu livro *Fascinating stories of forgotten lives* (*Vidas incríveis: histórias fascinantes sobre vidas esquecidas*, em português), o homem estava querendo uma "bênção extraordinária".

E Jabez não parou aí. Ele pediu ao Senhor que expandisse seu território e o preservasse do mal, para que não sofresse nenhuma aflição (cf. 1 Crônicas 4.10). Acho isso fascinante, especialmente ao considerar o começo da sua história. Seu nome significa "dor" (cf. 1 Crônicas 4.9). Imagine como seria crescer sendo chamado por algo com um sentido semelhante. Todos podemos concordar que a mãe de Jabez deu a ele um nome que qualquer um consideraria uma maldição.

Que começo horrível! No entanto, a última parte do versículo 10 diz: "[...] E Deus lhe concedeu o que ele tinha pedido". Não seria Jabez o maior de todos os azarões? Recuperar-se de um início desses é realmente algo digno de menção bíblica.

Pense nisso. Estamos falando de alguém que tinha um dos piores nomes das Escrituras. Mas que, de alguma forma, acreditou que poderia pedir a Deus que o abençoasse, o tornasse rico e o preservasse do mal, para que não sofresse nenhuma aflição ou dor, contrariando o que seu destino indicava. Eu amo Jabez! Ele é uma versão bíblica da produção hollywoodiana *Rudy*. Acho que o único personagem que se compara é Nabal (cf. 1 Samuel 25), cujo nome significa "tolo". Por que será que suas mães fizeram isso? Não consigo entender. A diferença entre eles é que um foi abençoado e o outro morreu prematuramente (cf. 1 Crônicas 4.10; 1 Samuel 25.38).

Todos temos um ponto de partida. Não odeie aqueles que tiveram inícios mais fáceis que o seu, porque Deus sabe o que faz. Se você teve um começo lento, difícil ou pequeno, não desanime. O Senhor conhece as suas capacidades e onde você pode chegar se persistir.

Devemos crer que o Pai nos ama, independentemente da nossa origem. Não podemos nos sentir culpados caso isso represente vir de um lugar improvável. Seria como se alguém que desde a infância é cristão, olhasse para sua vida e lamentasse seu testemunho, porque carece de uma experiência dramática de conversão. Onde está a vergonha nisso? Esses detalhes só importam se decidirmos nos prender a eles para sempre.

CAPÍTULO 10
A ARTE DE INICIAR: COMEÇOS PEQUENOS E HUMILDES

Então, se você teve um início ótimo e rápido, parabéns! Fico muito feliz com essa notícia! No entanto, quem sabe, tenha sido abençoado com um começo lento. Isso mesmo, **abençoado**. O Senhor sabia que você seria capaz de lidar com essas circunstâncias. E mais, tenho certeza de que as lições aprendidas nesse processo de amadurecimento servirão de encorajamento e inspiração a outros que vierem de um lugar parecido. Ao olhar para o meu passado, não mudaria nada, pois cada tropeço forjou quem sou hoje.

Na parábola dos talentos, o servo que recebeu menos, sem dúvidas, pode ser visto como aquele que teve o início mais difícil. Infelizmente, ele não viu o poder que havia naquilo que lhe foi dado. Se tivesse superado seus dilemas internos e seguido em frente, apesar das condições, provavelmente teria alcançado sucesso.

ALEGRE-SE

Após o fim dos setenta anos de cativeiro babilônico, os hebreus voltaram a Israel para reconstruir o Templo, conforme registrado no livro de Esdras. No passado, o local havia sido magnífico. O rei Salomão não poupou despesas na edificação de uma casa de adoração digna para a presença de Deus (cf. 1 Reis 5.6-18). Porém, quando Israel começou seu rápido e constante declínio espiritual, o Senhor enviou profeta após profeta para advertir os reis sobre seus maus caminhos e os do povo. No entanto, eles não se arrependeram e, por consequência disso, um gigante adormecido trouxe juízo sobre a nação: o reino da Babilônia (cf. 2 Reis 25.8-30).

O povo de Deus foi levado contra sua vontade para o exílio, um dos momentos mais horríveis da História de Israel. Sete décadas depois, quando retornaram do cativeiro, a geração mais jovem pôde conhecer o local onde o Templo ficava originalmente. Contudo, eles não encontraram o lugar magnífico a respeito do qual ouviram falar desde a infância. As ruínas não chegavam nem perto da sua antiga glória. O que viram foi a destruição de um símbolo de devoção e nacionalismo judaico — a Casa do Senhor reduzida a uma pilha de escombros (cf. Esdras 3).

Então começaram a reconstrução. No entanto, quando os mais velhos perceberam que a nova estrutura não se compararia à primeira, ficaram extremamente desanimados (cf. Esdras 3.12). Em vez de se alegrarem com a oportunidade, entristeceram-se. Porém o Senhor enviou o profeta Zacarias para encorajá-los, dizendo: "Não desprezem os começos humildes, pois o Senhor Se alegra ao ver a obra começar [...]" (Zacarias 4.10 – NVT).

A palavra "desprezar" é traduzida do hebraico (*buwz*) como "considerar insignificante ou menosprezar", o que nos dá a ideia de algo sendo pisoteado. Esses homens enxergaram tudo aquilo como uma coisa sem importância, mas Deus ficou alegre ao ver o início de algo novo. Se você teve um começo pequeno, lento ou difícil, alegre-se! Pois, agradando-Se com a reconstrução do Templo falido, o Senhor também não Se deleitaria com os nossos esforços para cuidar da Sua Igreja? Claro que sim. Isso não é incrível? A verdade é que não interessa o tamanho daquilo que estamos fazendo, e sequer o ponto de onde partimos. O importante é dar o primeiro passo!

> NÃO INTERESSA O TAMANHO DAQUILO QUE ESTAMOS FAZENDO, E SEQUER O PONTO DE ONDE PARTIMOS. O IMPORTANTE É DAR O PRIMEIRO PASSO!

Talvez, seja a hora de refletir: você tem desprezado os seus começos? Tem vergonha deles? Se sim, espero que olhe para onde está hoje e onde estava ontem, e encontre alegria nesse humilde progresso.

Faça o melhor que puder com o que lhe foi dado e você ouvirá as palavras: "Então o senhor disse: 'Muito bem, servo bom e fiel; você foi fiel no pouco, sobre o muito o colocarei; venha participar da alegria do seu senhor'" (Mateus 25.23).

Capítulo 11
EQUIPAR PESSOAS: ADMINISTRANDO BEM O QUE LHE FOI CONFIADO

> *Irmãos, quanto a mim, não julgo havê-lo alcançado, mas uma coisa faço: esquecendo-me das coisas que ficam para trás e avançando para as que estão diante de mim, prossigo para o alvo, para o prêmio da soberana vocação de Deus em Cristo Jesus.* (Filipenses 3.13-14)

Quando você inicia uma igreja — ou, como no nosso caso, recomeça uma —, diferentes pessoas passam a frequentá-la por diversas razões. Foi o que vivemos: havia aqueles que vieram conosco da Hope Chapel Kane'ohe Bay, pois já moravam perto da igreja em Waikele. Provavelmente, o fato de não precisarem mais realizar uma viagem de trinta minutos até o outro endereço, toda semana, facilitou essa decisão. Além disso, acredito que, ao verem as possibilidades de crescimento da comunidade, ficaram empolgados em fazer parte daquilo também.

Com exceção das razões geográficas, alguns se juntaram a nós apenas para participarem de algo novo. O engraçado é que não tínhamos ideia do compromisso que seria necessário por parte dessas pessoas. Praticamente todos que nos acompanharam na transição foram colocados em cargos de liderança nos ministérios e nos pequenos grupos semanais. Foi emocionante; trabalhoso, mas, acima de tudo, muito divertido.

Embora nossa expansão numérica tenha sido lenta, o expressivo desenvolvimento pessoal que cada um viveu durante esse estágio inicial foi a maior lição que poderíamos aprender. Nossos membros estavam descobrindo dons e habilidades que nunca imaginaram ter. Era ótimo vê-los assumindo responsabilidades dentro da comunidade, e ficando satisfeitos com isso. Como eu amo a plantação de igrejas! O amadurecimento da congregação seguia um ritmo razoável, sempre pautado pelas revelações de Cristo a todos.

ENVOLVENDO PESSOAS

Imagino que nosso testemunho não seja singular comparado aos outros que você já deve ter escutado por aí. Muitas pessoas têm o desejo sincero de fazer a diferença em sua congregação, porém não se acham talentosas o suficiente para realizar determinada tarefa, ou não têm interesse em participar ativamente dos ministérios locais. Talvez não se vejam capazes de integrar a equipe de louvor, por exemplo, ou, então, olham para os vigias do estacionamento, porteiros, recepcionistas,

CAPÍTULO 11
EQUIPAR PESSOAS: ADMINISTRANDO BEM O QUE LHE FOI CONFIADO

obreiros do departamento infantil, e pensam: **"Nada disso me interessa"**.

Minha pergunta é: quantos voluntários são necessários? A resposta óbvia é que, independentemente do número de pessoas envolvidas, sempre haverá espaço para mais. Em especial, para aquelas que não demoram para se sentir pertencentes à congregação, e que logo estão dizendo: **"Não quero apenas ouvir uma boa música ou pregação. Dê-me algo para fazer! Preciso contribuir com o que está acontecendo aqui de algum jeito"**. Como admiro essa atitude!

No entanto, esse é um ciclo contínuo. Existem tantos meios pelos quais podemos colaborar com a congregação e adquirir conhecimento a respeito de diversos temas relacionados a vida cristã que, em algum momento, a roda girará, e teremos de passar tudo o que aprendemos a outros. Fomos criados para fluir como rios, e não armazenar água como reservatórios. Se não houver fluxo, nós nos tornaremos como o Mar Morto de Israel — ricos em conteúdo, mas sem as condições ideais para gerar vida.[1]

Se todos estão crescendo em seu relacionamento com Jesus, e andando no poder do Espírito Santo, eventualmente também **desejarão abençoar** seus

---

[1] N. E.: apesar de o Mar Morto ser rico em conteúdo, possuindo uma grande quantidade de sulfeto de hidrogênio, magnésio, potássio, cloro e bromo, sua acentuada salinidade descarta toda possibilidade de vida.

irmãos de alguma maneira. Quando um povo, de fato, descobre o que foi criado para fazer, e vive de acordo com essa revelação em comunidade, Deus é glorificado. E é nesse ponto que encontramos a verdadeira realização pessoal — não perseguindo nossos próprios objetivos, mas ajudando uns aos outros, até que sejamos um (cf. João 17.21).

Com isso, não estou rebaixando ninguém que auxilia nos lugares "altos" — ou seja, nas partes do Corpo que são mais vistas —, ou estabelecendo algum tipo de hierarquia, até porque eu mesmo atuo em várias áreas diferentes. Gostaria, porém, de encorajá-lo a descobrir setores **fora** da igreja em que você possa servir as pessoas e ser bênção em suas vidas. Nesse sentido, a Igreja — seja a minha ou a sua — cumpre um papel fundamental na hora de oferecer oportunidades que instiguem seus membros à ação. Isso só acontece quando todos são desafiados em suas tarefas, em vez de serem mimados pela congregação, sentindo, assim, a necessidade de fazer mais, algo que Bill Hybels chama de um **descontentamento santo**,[2] consequência de algum incômodo em nosso cotidiano, trabalho ou comunidade local. Segundo Hybels,

> A IGREJA CUMPRE UM PAPEL FUNDAMENTAL NA HORA DE OFERECER OPORTUNIDADES QUE INSTIGUEM SEUS MEMBROS À AÇÃO.

---

[2] Bill Hybels, *Holy discontent*, 2007.

CAPÍTULO 11
EQUIPAR PESSOAS: ADMINISTRANDO BEM O QUE LHE FOI CONFIADO

tal questão pode ser o combustível necessário para despertar uma nova visão pessoal ou ministerial genuína. Creio que essa insatisfação deva receber nossa devida atenção antes que perca sua intensidade, ou que a situação que a gerou seja ignorada por completo.

É nesse descontentamento santo que o potencial para se **tomar uma atitude significativa** está escondido.[3] Eu consideraria esse sentimento como uma evidência de que **o Mestre lhe entregou um talento**. Por exemplo, digamos que, em um culto, o Espírito Santo fale com você por meio da pregação. O pastor começa sua ministração abordando temas como chamado e destino. Você se anima, pois existe um sonho, uma semente adormecida em seu interior. Contudo, algumas circunstâncias pessoais o impediram de atingir seu potencial máximo.

Então, em determinado momento, o pregador parece se dirigir especificamente a você. Como gostamos de dizer aqui no Havaí, é como se ele estivesse **pegando um pouco do seu *poi***[4]. Em outras palavras, está "se intrometendo em sua vida". Algo precisa ser feito! Você irá embora do culto e ignorará aquela provocação (o que, a propósito, seria uma forma de desobediência)? Ou encarará a situação e pensará no que poderia mudar a partir dali? Há muitas pessoas consumidas por esse

---

[3] Miles McPherson, *Faça alguma coisa: faça sua vida valer a pena*, 2011.

[4] Um prato havaiano frequentemente servido em festas no Havaí.

mesmo dilema sentadas em nossas igrejas, e eu aguardo com expectativa pela resposta de cada uma delas.

É claro que existem aqueles que só querem ser "alimentados" como bebês e frequentar os cultos aos domingos. Eles não se saciam da Palavra de Deus durante os dias normais, então sua refeição principal acontece sempre aos finais de semana. São as ovelhas que considero "anoréxicas". A falta de uma boa nutrição constante e diária acaba por torná-las fracas e débeis.

Seguindo a minha filosofia, o melhor a se fazer é deixá-las de molho por um tempo. Como pastor, você pode se sentir frustrado, pensando que está apenas entretendo um punhado de indivíduos resistentes a cada reunião. Mas compreenda que eles precisam desse período de isolamento. Se ainda não estiverem prontos para se envolver ministerialmente, tudo bem. No entanto, uma coisa é certa: essas pessoas logo cansarão de serem confrontadas e terão duas opções: abandonar a congregação ou se render à cultura.

DÊ LIBERDADE ÀS PESSOAS

Se você já pertence a alguma igreja há um certo tempo, sabe que pessoas podem se mudar de lá. Conosco não foi diferente. Não tivemos muito crescimento decorrente da transferência de membros de outras congregações, mas, ao longo dos anos, passamos a lidar com essa questão. Conheço pastores que desaprovam

CAPÍTULO 11
EQUIPAR PESSOAS: ADMINISTRANDO BEM O QUE LHE FOI CONFIADO

qualquer progresso motivado por esse tipo de movimento. No entanto, a verdade é que ele é inevitável. Acontece! Existem diversas razões pelas quais indivíduos escolhem uma comunidade distinta. A distância é uma delas, como mencionei no início do capítulo. Com o passar do tempo, alguns irmãos deixaram nossa igreja porque moravam mais perto de outra, economizando tempo e dinheiro com combustível, por exemplo. Quando converso com alguém sobre essa questão, normalmente, recomendo um lugar onde o pastor é meu amigo, e encorajo essa ovelha a ser tão relevante lá quanto era conosco, ou ainda mais.

Famílias preferem determinada congregação porque os filhos amam o ministério infantil desse local, ou porque seus amigos também o frequentam. Outros conseguem entender com mais clareza o que é pregado no lugar. Quando um caso assim acontecer em sua igreja (e, inclusive, pode ser o melhor caminho para ambas as partes), lide bem com o assunto. Boas lições podem ser aprendidas a partir dessas situações, e o fato é que não conseguiremos agradar a todos.

Nem todo mundo que vem à nossa congregação permanece. No que diz respeito a ouvir a voz do Senhor por um ministro, um dos maiores ensinamentos que recebi veio do pastor Ralph. Na época, estava com dificuldade em lidar com uma mulher, cuja conduta me incomodava. Depois de vários conselhos, ficou claro que ela simplesmente não me escutaria. Contei a Ralph sobre a situação e ele sugeriu o seguinte: "Diga a ela, na presença de seu marido: 'Jesus disse: as ovelhas ouvem a voz do pastor. Você não consegue mais me dar atenção, portanto me desqualificou como seu líder. Tenho certeza de que existe alguém a quem dará ouvidos. Estou liberando você para encontrar uma nova pessoa por meio da qual será orientada'".

Com esse episódio, compreendi a necessidade de darmos liberdade a todos. Entendi que Lisa e eu não somos donos de ninguém. As pessoas são livres para ir e vir quando quiserem. É claro que isso não significa que meus sentimentos não serão feridos se certos membros forem embora, sobretudo se saírem com problemas não resolvidos. Mas aprender a lidar com essa situação me permitiu ajudar outros a encontrarem uma congregação à qual pudessem realmente pertencer. Agora, o tratamento com os irmãos da equipe ministerial é outra questão. Já houve algumas ocasiões em que um ou dois integrantes decidiram mudar de igreja sem que eu soubesse, e fiquei desapontado.

Em relação a essas pessoas, penso o seguinte: se você as tratar bem, e demonstrar o quanto sua presença e de suas famílias é importante para a comunidade, elas permanecerão. Ao honrar e inspirar cada uma delas, proporcionando o que precisam para seguir em frente, não demorará para que deem fruto.

Claro que há exceções. Quando alguém acredita que o Senhor de fato a chamou para outro lugar, quem poderá argumentar o contrário? Deus quer o melhor para o Seu povo, incluindo a nossa igreja. Portanto se, em certo momento, uma congregação diferente estiver mais alinhada com os propósitos divinos para algum dos nossos membros, devo confiar que Ele também preencherá as lacunas deixadas por essa transição. Descobri que, com essa perspectiva, normalmente, todos saem ganhando. É assim que o Reino deve operar. Dê liberdade às pessoas!

PLANOS OCULTOS

Se você é pastor, há algumas coisas a serem consideradas quando novos membros se juntarem à sua igreja. Às vezes, aqueles que vêm de outra congregação trazem consigo descontentamento, insatisfação, frustração ou questões mal resolvidas. Alguns podem ficar frustrados com a sua liderança, ou com outro integrante da equipe ministerial. Se uma situação como essa gerar desavenças, certas atitudes precisam ser tomadas: primeiro, realize uma conversa; e, em seguida, busque uma conclusão. Em especial, nos casos em que lidamos com indivíduos que possuem um histórico complicado, devemos procurar ter discernimento em Deus para que cada um seja direcionado cuidadosamente.

Quando somos jovens, podemos cometer o erro de pensar que conseguiremos influenciar qualquer um. E necessitamos ser muito cautelosos quanto a isso.

Pessoas mal-intencionadas podem induzir você, ou outros membros da liderança, para obter vantagens em algumas circunstâncias. Isso pode ser um plano demoníaco! Um dos homens que admirava, o falecido Dr. Paul Risser, ex-presidente da Igreja Quadrangular, disse-me uma vez: "Deus tem um plano para sua vida e igreja, mas o Inimigo tem um projeto contra ele, e você precisa ter consciência disso. Às vezes, ele até planta seus enviados em nossa congregação. Indivíduos comuns, que sequer percebem estar sendo usados para impedir que a vontade de Deus se manifeste em nosso meio".

GERINDO PESSOAS

Não preciso nem dizer que o melhor tipo de crescimento é o decorrente de novas conversões. Eu também amo quando as pessoas voltam para o Senhor depois de um tempo distantes d'Ele. Oramos por salvação e reconciliação todos os finais de semana na Inspire Church. Raramente terminamos uma reunião sem um apelo. Com esse momento, incentivamos, também, os membros da nossa igreja. Então, caso tenham trazido um amigo, membro da família ou alguém com quem estão compartilhando seu testemunho, todos torcemos para que esses convidados aceitem a Cristo após ouvirem a pregação do Evangelho. Para nós, o apelo é muito importante. Logo, caso não esteja fazendo uso desse recurso nos seus cultos,

CAPÍTULO 11
EQUIPAR PESSOAS: ADMINISTRANDO BEM O QUE LHE FOI CONFIADO

acredito que não esteja administrando seus talentos da forma mais sábia.

Aliás, se você é pastor, sabe que gerir pessoas significa administrar nossas habilidades a todo instante. É algo que deve ser levado a sério. Como na parábola de Mateus 25.14-30, podemos perder ovelhas preciosas se não as pastorearmos corretamente. Devemos considerar cada uma como alguém importante para nós. Por essa razão, sinto a responsabilidade de garantir que esse convite final seja muito bem-feito, com todo zelo, e que tenhamos um acompanhamento completo para garantir que os novos convertidos criem raízes profundas e deem frutos.

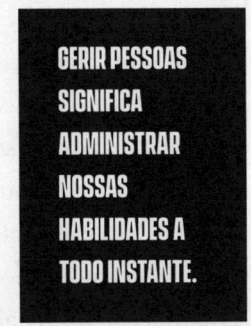

> **GERIR PESSOAS SIGNIFICA ADMINISTRAR NOSSAS HABILIDADES A TODO INSTANTE.**

No começo, não tínhamos uma abordagem tão atenciosa, nesse sentido, como temos agora. Hoje, quando alguém entrega sua vida a Jesus, nós o fazemos repetir sua confissão em público. Por que agir assim? Sinto que se eles puderem se posicionar em um lugar tão seguro quanto a igreja, conseguirão permanecer firmes quando a perseguição vier; e todos sabemos que ela chegará (cf. João 15.20). Depois que terminam essa primeira oração, todos são direcionados ao nosso saguão, onde nosso pastor do Connect lhes explica o que acabou de acontecer e quais são os próximos passos; em seguida, cada um é presenteado com uma Bíblia.

Também posicionamos "conselheiros" nesse ambiente para conversar com eles, e disponibilizamos uma equipe, de modo que ninguém fique sozinho.

Para mim, é essencial que cuidemos deles da melhor maneira possível. A última coisa que quero é ser leviano com suas decisões por Cristo. Na parábola do semeador (cf. Lucas 8.4-15), sementes são espalhadas em quatro tipos de solo. As que caíram à beira do caminho ficaram expostas, foram pisoteadas e depois comidas pelas aves. Jesus explicou que essas sementes representavam aqueles que ouviram e entenderam a Palavra, mas logo o Diabo veio e a tirou de seus corações, impedindo-os de crer e serem salvos (cf. v. 12).

Outras sementes caíram sobre a pedra, começaram a crescer, mas logo murcharam e morreram por falta de umidade. Segundo Cristo, essas pessoas receberam as Boas Novas com alegria, creram nelas por um tempo, mas, porque não permitiram que suas raízes se aprofundassem, desviaram-se na hora da provação (cf. v. 13). Atraídas de volta a seus velhos hábitos pecaminosos, também foram consumidas. Já vi isso acontecer inúmeras vezes! Muitos ficam superentusiasmados com Jesus ao se converterem; sua "ficha" é limpa e começam a seguir no caminho certo. Porém, como não estão fundamentados no Evangelho nem ligados à família de Deus, acabam se desviando. Trágico!

O Mestre, então, explicou que outras sementes caíram entre espinhos, que representam as preocupações,

CAPÍTULO 11
EQUIPAR PESSOAS: ADMINISTRANDO BEM O QUE LHE FOI CONFIADO

riquezas e prazeres da vida (cf. v. 14). Esses abrolhos sufocaram a Palavra e impediram o amadurecimento dos frutos. Trata-se das pessoas que ouvem a pregação, recebem-na, mas sucumbem às suas antigas práticas, e se satisfazem com aquilo que a vida natural apresenta como prioridade; buscam o máximo de experiências ao seu alcance, até o ponto em que esse apetite se torna sua ruína.

Por fim, as últimas sementes caíram em solo fértil, tiveram as melhores condições para sobreviver e fizeram mais do que isso. Cristo disse que elas representavam as pessoas que receberam a Palavra de Deus com bondade e retidão, guardaram-na e, assim, frutificaram com perseverança (cf. v. 15)!

Portanto, de acordo com esse texto, apenas uma fração dos escolhidos que ouve a Palavra realmente a absorve. Se considerar também a parábola escrita em Mateus 13.24-30, na qual o Inimigo semeia joio no meio do trigo enquanto o lavrador está dormindo, você entenderá o motivo de eu acreditar que toda igreja deveria dar uma atenção especial àqueles que alcança. De maneira nenhuma vemos isso como um método infalível, mas devemos nos esforçar para garantir o melhor tratamento aos que o Senhor nos confiou.

> **DE MANEIRA NENHUMA VEMOS ISSO COMO UM MÉTODO INFALÍVEL, MAS DEVEMOS NOS ESFORÇAR PARA GARANTIR O MELHOR TRATAMENTO AOS QUE O SENHOR NOS CONFIOU.**

Capítulo 12
TRABALHADORES HÍBRIDOS: SEJA SUA MELHOR VERSÃO

> *Praticar a justiça é uma alegria para o justo, mas espanto para os que praticam o mal.*
> (Provérbios 21.15)

Na Inspire Church, sempre trabalhamos muito. No início, isso era ainda mais intenso. A prosperidade de uma congregação, seja qual for o tamanho, requer muita dedicação e tem origem em uma liderança empenhada nesse objetivo. É claro que nada seria possível sem a ajuda do Espírito Santo, e não foi diferente conosco. Não queríamos uma construção medíocre, "mais ou menos", ou apenas decente; desejávamos algo excelente.

Para mim, uma boa igreja é onde as pessoas são salvas, libertas e curadas de suas doenças todo fim de semana. É o lugar no qual existe unidade entre os membros e a adoração é impecável. Não há estranhamento em relação ao sobrenatural e o poder do Espírito Santo flui sem impedimentos. Os discípulos são desenvolvidos, pessoas descobrem dons e talentos, sonhos renascem e todos encontram um propósito e destino para suas vidas. Crianças e adolescentes desfrutam do melhor suporte possível, famílias se tornam mais íntimas, pais solteiros são fortalecidos e renovam sua visão sobre o casamento, e até casais à beira do divórcio encontram esperança novamente.

Na igreja que nos propusemos a edificar, os crentes se reúnem em pequenos grupos para orar, encorajar e exortar uns aos outros. Nela, a Colheita do Fim dos Tempos (cf. Apocalipse 14.14-20) é da mais alta prioridade e, com isso, inevitavelmente, novas congregações são plantadas para a glória de Deus. Esse é um local onde há **vida**!

Nosso anseio sempre foi estabelecer uma comunidade notável em **todos os níveis**. Em vez de pensarmos: "Quando crescermos, faremos algo", tínhamos em mente o seguinte: "Seremos os melhores que pudermos dentro da nossa 'categoria de peso'!". Dessa forma, qualquer que seja sua profissão, ou a temporada em que se encontra no momento, não espere pelos "quandos" da vida. Você sabe do que estou falando, o "quando conquistar tal coisa", ou "quando tiver mais dinheiro", ou "quando sair deste lugar". Se deseja se tornar bom em algo, faça isso agora. No passado, eu adiava meus planos com certa frequência. Acontece que, às vezes, as "condições ideais" nunca chegarão, a menos que você comece a agir imediatamente.

> NÃO ESPERE PELOS "QUANDOS" DA VIDA. SE DESEJA SE TORNAR BOM EM ALGO, FAÇA ISSO AGORA.

CAPÍTULO 12
TRABALHADORES HÍBRIDOS: SEJA SUA MELHOR VERSÃO

O CRESCIMENTO EXPONENCIAL VIRÁ

Você se lembra do que o senhor disse a dois dos seus servos na parábola dos talentos? "[...] Muito bem, servo bom e fiel; você foi fiel no pouco, sobre o muito o colocarei [...]" (Mateus 25.21). Desde o começo, nossa intenção foi escutar essas mesmas palavras de nosso Pai, sendo fiéis ao que Ele nos confiou até o fim de nossa carreira. Nesse sentido, a sentença dada pelo patrão, na conclusão dessa passagem, é um incentivo para que perseveremos, tendo em mente que não há crescimento exponencial até que o crescimento incremental[1] ocorra.

Por exemplo, se mapeássemos o avanço da Inspire Church desde o primeiro ano, quando ainda éramos parte da Hope Chapel, perceberíamos um aumento de sessenta pessoas para a casa dos milhares, frequentando quatro cultos diferentes a cada fim de semana. Enxergando por um ponto de vista mais amplo, essa expansão aparenta ser até rápida demais. Mas, se analisarmos os primeiros oito anos, notaremos que houve, na

> ÀS VEZES, AS "CONDIÇÕES IDEAIS" NUNCA CHEGARÃO, A MENOS QUE VOCÊ COMECE A AGIR IMEDIATAMENTE.

---

[1] N. E.: crescimento obtido após o desenvolvimento ou investimento em alguma coisa. Seu objetivo é o aprimoramento gradual, obedecendo a certas etapas.

verdade, uma evolução espaçada. Passamos de oitenta pessoas, em 2001, para mil, no início de 2009. Fazendo uma média desse intervalo, o acréscimo de membros é de quinze a vinte por cento a cada doze meses. Em todos esses anos trabalhamos bastante, e fomos muito cuidadosos para fazer o melhor que podíamos com o que nos havia sido dado.

Por outro lado, da mesma forma que os nossos gráficos apontavam algum progresso, também existiam períodos de estabilidade, quedas e outros aumentos esporádicos (em épocas, como a Páscoa ou o Natal). Em determinados meses, pensava comigo mesmo que, se as coisas não mudassem, estaríamos em apuros.

Nossa ampliação nos primeiros oito anos aconteceu, em especial, porque focávamos em objetivos simples, sustentados por nossas orações e confiança em Deus. Provérbios 21.5 diz que: "Os planos de quem é esforçado conduzem à fartura [...]". Nossos alvos principais eram: aumentar o número de pequenos grupos trimestralmente; alcançar mais pessoas a cada fim de semana; e melhorar o que fazíamos em todas as áreas. Pensávamos que, se conseguíssemos amadurecer todos os nossos departamentos (avaliando cada um deles com cuidado), continuaríamos na direção certa. Bisonho, personagem do desenho *O Ursinho Pooh*, teria dito: "*Ah*, estamos apenas avançando". Mas eu diria que estávamos **perseverando**. Permanecemos firmes, e acredito que foi essa insistência que preparou o terreno para que Deus enviasse o crescimento **exponencial** que provamos até hoje.

Houve momentos em que fomos tentados e atraídos para outros caminhos. Algumas igrejas e conferências ofereciam "fórmulas do sucesso" quase infalíveis. Existiam inúmeras possibilidades de escolha. Muitos tipos diferentes de "odres" que poderíamos ter usado, mas, depois de experimentarmos alguns, decidimos que a melhor alternativa era sermos fiéis às nossas próprias características. Aliás, descobrir isso foi bem mais fácil do que parece. Nós éramos uma Hope Chapel, cujos valores fundamentais — dos quais nunca havíamos nos afastado — serviram de base para compor o DNA da nossa comunidade. Ao mesmo tempo, à medida que crescíamos, começamos a adicionar novos componentes ao nosso gene, uma combinação que gerou ótimos resultados.

SER HÍBRIDO... NÃO É RUIM

Quando digo que as pessoas criticam o que não entendem, falo por experiência própria. Normalmente, hesitaria em compartilhar sobre a oposição que sofremos ao longo do trajeto, mas acredito que o nosso testemunho possa ajudar muitas vidas. Nos primeiros anos, algumas das reclamações que ouvimos de outros pastores foram: "Vocês não são uma Hope Chapel de verdade". Sempre que escutava algo assim, perguntava: "Diga-me, o que é uma Hope Chapel para você?". O mais engraçado é que eles não sabiam explicar. Então respondiam: "*Ah*, sua igreja é um híbrido".

A palavra **"híbrido"** é utilizada para classificar a prole de animais de raças distintas, ou a combinação de plantas de outras espécies na horticultura. Hoje, a maioria de nós usa esse termo de maneira diferente — para se referir a um carro movido a eletricidade e gasolina, por exemplo. Na época em que os veículos híbridos entraram no mercado automobilístico, foram considerados incomuns e sofreram rejeição. De forma semelhante, quando nos atribuíram esse adjetivo, não o recebi como um elogio. Irritei-me bastante, porém, mais tarde, acabei aceitando esse conceito muito bem.

Se ser **híbrido** significava trazer para nossa comunidade determinados princípios que marcaram meu coração em conferências no exterior, ou em diversas congregações que visitei no Havaí, então, sim, éramos uma igreja **híbrida**. Se tínhamos o mesmo DNA que era descrito nos irmãos de Atos 2, assim como todo carro tem um chassi e quatro pneus, e apenas adicionamos aprimoramentos em certos ministérios, esse adjetivo era mesmo apropriado. Se a leitura de alguns livros e contato com os ensinamentos contidos neles ajudaram-me a implementar mudanças que auxiliaram nossa congregação, como o personagem principal do filme *O homem elefante*, confesso: "Eu não sou um animal, eu sou... '**híbrido**'". Se isso quer dizer que não estou satisfeito com tudo o que sei — que tenho fome de ver coisas novas e quero aprender com a cultura de outros ministérios —, então **me chame de híbrido**!

Voltando ao exemplo dos veículos híbridos, o mais surpreendente neles é o fato de terem movimentado a indústria de automóveis. Hoje, são considerados uma classe de carros à parte: **os híbridos**. É por isso que podem nos chamar do que quiserem, exceto de preguiçosos. Nós seguimos os mesmos fundamentos da Igreja Primitiva fazendo discípulos e plantando igrejas? Com certeza. Gostamos das composições da Hillsong Church e nos inspiramos em seu estilo de adoração? Sem dúvida! Além de serem muito boas, suas músicas também são fáceis de reproduzir. Isso não significa, no entanto, que deixamos de compor **nossas próprias canções**, multiplicando o talento que o Senhor nos confiou. A excelência da New Hope O'ahu nos influenciou? O que você acha? Ironicamente, agora são eles quem enviam suas equipes para aprender conosco! Não é ótimo? Se isso significa ser híbrido, então admito de todo coração que somos.

FLEXIBILIDADE

Sim, essa era a nossa particularidade e nos orgulhávamos disso. Hoje, gosto de pensar que temos nossa própria marca como igreja. Ao longo da nossa trajetória, absorvemos o melhor de tudo o que nos foi apresentado e adicionamos isso a quem já éramos. Podem nos chamar do que quiserem agora! Não considero esse um comportamento ruim, e sim um sinal de zelo, justamente porque não nos contentamos em permanecer estagnados até a volta de Cristo.

Lutaremos para manter os valores da igreja de Atos 2, mas continuaremos a nos transformar de acordo com a vontade do Senhor. Quando penso em flexibilidade, gosto da abordagem de Paulo em 1 Coríntios 9.22: "[...] Fiz-me tudo para com todos, a fim de, por todos os modos, salvar alguns". Eu amo o coração dele! Na **adaptação** à mudança existe uma humildade que é essencial para qualquer denominação. Nós devemos ser maleáveis.

Eu brinco com as bem-aventuranças do Sermão do Monte (cf. Mateus 5.1-11), dizendo: "Bem-aventurados os flexíveis, pois eles nunca ficarão fora de forma". Isso pode ser aplicado às nossas atitudes, bem como à nossa comunidade. Temos de manter os "odres de vinho" (cf. Mateus 9.14-17) e a vida da nossa igreja sempre à disposição. Se agirmos assim, seremos capazes de desempenhar qualquer coisa para "[...] salvar alguns" (1 Coríntios 9.22). Afinal, a salvação dos perdidos não é uma das razões primordiais de tudo quanto fazemos?

Você e eu fomos chamados para ser pescadores de gente (cf. Lucas 5.10), e não "zeladores de aquário", portanto é essencial sermos flexíveis. Caso contrário, não conseguiremos ter novas ideias ou reposicionar nossa "rede", e o resultado poderá ser a perda de eficácia

CAPÍTULO 12
TRABALHADORES HÍBRIDOS: SEJA SUA MELHOR VERSÃO

do nosso trabalho. É uma questão de diligência, já que esse atributo permitirá que nos estiquemos à medida que descobrimos novas estratégias. Quando as encontramos, isso possibilita o nosso desenvolvimento. Sendo adaptável, também poderemos ser esticados em outras áreas de atuação e assumir mais responsabilidades.

TRABALHO ÁRDUO

Lisa e eu estávamos em um evento de arrecadação de fundos no qual havia um importante doador presente. Mais do que isso, ele mesmo era um homem de grande porte, com quase dois metros de altura. Ouvi dizer que ele pesava cento e treze quilos, mas, na minha opinião, devia ter mais de cento e cinquenta. O mestre de cerimônias, quando viu Ma'ake Kemoeatu, logo o convidou ao pódio. Ele era ex-aluno da Kahuku High School, na costa norte de O'ahu, jogador de futebol americano pela Universidade de Utah, e ficava na defesa do Baltimore Ravens. Seu irmão, Chris, foi campeão do Super Bowl duas vezes, jogando pelo Pittsburgh Steelers. Imagine o orgulho do pai acerca desses dois!

Curiosamente, segundo o USA Today, a Kahuku High School foi a escola de onde saíram alguns dos jogadores mais talentosos da NFL. Considerando que a maior parte dos seus alunos (cerca de mil estudantes, do nono ao décimo segundo ano) está em uma comunidade rural, com uma base populacional que conta com pouco menos de vinte mil pessoas, essa é uma conquista incrível!

No evento, quando questionado a respeito da época em que não era convocado por nenhuma franquia, Ma'ake disse: "O trabalho árduo supera o talento quando o talento não é acompanhado de trabalho árduo". Sua resposta parece simples, mas é muito profunda. Em outras palavras, se você se empenhar com afinco no que estiver fazendo, poderá superar a pessoa mais capacitada do mundo, desde que o faça com zelo. E isso é o que chamo de esforço constante.

Nós sabíamos que a estabilidade de nosso ministério não estava relacionada apenas aos cultos de fim de semana. Precisávamos administrar e multiplicar os pequenos grupos, cuidar e discipular nossas ovelhas e treinar os líderes. Por isso, sempre procurávamos ser muito criativos na organização da nossa programação semanal. Contávamos com poucas pessoas, que eram bastante talentosas. O que existia em abundância eram irmãos com um bom coração e, por meio deles, certamente seríamos capazes de realizar algo. Sabe por quê? Porque independentemente do nível de habilidade, se os indivíduos ao nosso lado são submissos e humildes, também serão ensináveis. Assim, conseguimos ajudá-los a multiplicar seus dons para o Senhor. E essa é outra questão que aprendi ao longo dos meus anos como pastor: as paixões de cada um são a chave para auxiliá-los a serem melhores.

CAPÍTULO 12
TRABALHADORES HÍBRIDOS: SEJA SUA MELHOR VERSÃO

Para aqueles que adoravam com intensidade nas reuniões aos domingos, tentávamos descobrir se suas vozes eram, ao menos, um pouco afinadas. Se sim, pedíamos que orassem para se juntarem à equipe de louvor. Caso aceitassem o convite, teriam aulas de canto. Não estávamos procurando necessariamente os vocalistas mais incríveis do mundo. Não me entenda mal; se encontrássemos algum seria maravilhoso! Porém, nossa busca era por **verdadeiros adoradores** (cf. João 4.23), que ajudariam os demais a chegarem à presença de Deus. Se esperássemos que um ministro de cinco talentos batesse à nossa porta, perderíamos o nosso tempo. Acredito que hoje tenhamos excelentes líderes (no louvor e em todos os outros ministérios também), porque fomos fiéis ao que nos foi confiado desde o primeiro dia.

TEMPO, RITMO E ESTAÇÕES

Eu amo música. Além de *worship*, também adoro R&B e algumas canções que foram consideradas Top 40 na indústria musical. Gosto muito de prestar atenção aos ritmos. E, para um garoto "semibranco" (refiro-me ao lado europeu que possuo), até que sei me mexer. Sou um quarto filipino misturado com um quarto italiano, havaiano e chinês; não à toa, gosto de pensar que sou um especialista em hula[2], cantar como Pavarotti[3],

---

[2] N. E.: hula é uma dança da cultura havaiana.

[3] N. E.: Luciano Pavarotti (1935-2007) foi um cantor de ópera italiana.

dançar como um filipino e lutar kung fu como Bruce Lee[4]. Mas você sabe que é preciso ter bastante coordenação motora para acertar alguns passos e, principalmente, para praticar artes marciais!

Essa gestão também é essencial em outros aspectos. Muitas vezes, precisei redescobrir e ajustar meu ritmo na vida e ministério, o que é muito importante. Se temos dificuldade de nos manter aplicados, precisamos avaliar como utilizamos nosso tempo. As coisas estão rápidas ou lentas demais? Talvez estejamos cansados porque ainda não encontramos a nossa "marcha". Tudo depende desse ajuste. Contudo, ouvi dizer uma vez: "Não confunda ritmo com *groove*[5]. O primeiro permanece o mesmo, mas o segundo está sempre mudando". O tempo é como um metrônomo, que nada mais é do que um dispositivo usado para manter os músicos no andamento correto de uma canção. Por meio dele, pode-se determinar a cadência dos nossos movimentos. Ou seja, o tempo não muda a menos que você deseje. Felizmente, como pastor sênior da igreja, posso indicar o trajeto que iremos seguir como comunidade. Se estou em sintonia com o Espírito Santo,

---

[4] N. E.: Bruce Lee (1940-1973) foi um ator conhecido por popularizar filmes de artes maciais.

[5] N. E.: *groove* é uma expressão em inglês que pode significar, entre outras coisas, a pulsação da música ou algo similar à "levada", à "condução" e ao "balanço" de uma canção, sendo capaz de gerar emoções tanto em quem a produz quanto em quem a escuta.

tudo flui segundo a Sua vontade. Uma vez que fazemos essa escolha, podemos trabalhar de acordo com o Seu compasso.

Todo rebanho precisa de um ritmo. Você já encontrou um que seja bom para todos que o cercam, ou está achando o atual ruim e imprevisível? Tem dificuldades para acompanhá-lo? Encontre o equilíbrio. O arranjo da nossa igreja e a forma como reagimos a ele foram duas de nossas melhores descobertas. Comparamos a nossa frequência a uma "estação". Existem quatro estações diferentes na vida da igreja, e para elaborar esse tema com mais profundidade, inspirei-me na congregação do meu amigo, pastor Roger Archer, em Puyallup, Washington.

AS QUATRO ESTAÇÕES DE UMA IGREJA: IGNIÇÃO, CRESCIMENTO, COMPRESSÃO E REAGRUPAMENTO

A primeira estação se chama **ignição** e acontece de agosto a dezembro. Essa é a época em que as pessoas voltam das férias de verão e as coisas parecem começar a funcionar, da mesma maneira que um carro é acionado pelas velas de ignição em seu motor. De certa forma, a volta às aulas e a consequente mudança das famílias para O'ahu resultam no aumento da frequência à igreja e no número de salvações. Portanto, há uma grande movimentação, e todos dançamos conforme esse ritmo. Também damos início ao ano fiscal em agosto, além de começarmos um novo período sazonal nesse mês.

Já a estação seguinte se chama **crescimento**, e acontece de janeiro até o fim de semana da Páscoa. Há muito evangelismo durante esse intervalo. As pessoas estão pensando nas promessas de Ano Novo, em virar a página e recomeçar, e isso, muitas vezes, significa ir à igreja. Como resultado, há muitas oportunidades para levá-las a Cristo. Experimentamos um aumento considerável nas salvações em nossos cultos nesse período. Embora haja crescimento, as coisas não são tão consistentes quanto gostaríamos que fossem. Nunca entendi por que trinta e cinco por cento dos nossos membros simplesmente não frequentam os cultos. Adoraria que todos aparecessem ao mesmo tempo! Não seria ótimo? Mas isso acontece em raras ocasiões.

A terceira chama-se **compressão**. Ela é como uma peneira. Você já fez uma torta? Eu já! Vovó Patsy foi quem me ensinou a preparar a massa. Uma das coisas que precisava fazer para que a farinha caísse na malha era bater nas laterais da peneira — e tinha de repetir isso a todo momento. A compressão é a mais curta das estações. Ela dura da Páscoa até junho. Por quê? Porque nela descobrimos quem permanecerá após as celebrações do feriado. Depois dessa fase, é provável que aqueles que ficaram sejam os mesmos com quem poderemos contar.

CAPÍTULO 12
TRABALHADORES HÍBRIDOS: SEJA SUA MELHOR VERSÃO

Tudo isso nos leva à última estação do nosso calendário, chamada de **reagrupamento**. Ela se estende de junho a agosto. Essa é uma época em que as pessoas saem de férias, então desaceleramos, ajustamos o metrônomo da igreja para um andamento mais lento. Em vez de voar na quinta marcha, reduzimos para a quarta, e saímos da faixa da esquerda, destinada ao deslocamento de veículos em maior velocidade. Isso permite que a congregação descanse, os funcionários tirem férias e todos se reagrupem e se preparem para voltar bem-dispostos no início do próximo ciclo.

Uma coisa que devemos levar em consideração é: não realizar as mesmas atividades em todas as estações. Por exemplo, a maioria dos nossos evangelismos acontecem durante a **ignição**, pois é quando a semente é plantada. Ela demorará um pouco para crescer e frutificará durante o **crescimento**, quando a colheita é mais intensa. Claro, não deixamos de compartilhar nossa fé em nenhuma época, mas separamos esse primeiro período quase que exclusivamente para isso. Durante a segunda estação, damos maior ênfase aos cursos e aulas de discipulado. No entanto, também oferecemos esse suporte no ano inteiro.

Trabalho árduo, consistência e persistência — essas são as chaves para a construção de uma base sólida de crescimento incremental. Encontre um ritmo que consiga manter a longo prazo e você será bem-sucedido.

ABENÇOADOS PARA ABENÇOAR

Você já se perguntou por que pastores e outros líderes trabalham tanto? Temos de fazer isso para receber bênçãos ou simplesmente somos abençoados? É pela fé ou pelas obras? Alguns acreditam que Deus, de maneira soberana, escolhe agraciar quem e o que Ele deseja. Eu sou um desses. Todos somos testemunhas disso em diferentes áreas, seja em nossos negócios ou ministérios. A mão do Senhor parece estar sempre prosperando e conduzindo alguém, mas, de fora, temos a impressão de que tudo foi "facilmente" entregue a ele em uma bandeja de ouro. Certamente, essa percepção é equivocada.

Na minha opinião, Deus abençoa os que são fiéis a Ele. 2 Crônicas 16.9 diz: "Porque, quanto ao Senhor, os seus olhos passam por toda a terra, para dar força àqueles cujo coração é totalmente dele [...]". Nosso Pai procura honrar as pessoas que têm os corações integralmente comprometidos com a Sua vontade. Isso também significa se dedicar ao que gosto de classificar como "coisas de Deus". Elas incluem o que foi confiado a nós.

> NOSSO PAI PROCURA HONRAR AS PESSOAS QUE TÊM OS CORAÇÕES INTEGRALMENTE COMPROMETIDOS COM A SUA VONTADE.

Portanto, se somos fiéis àquilo que Ele nos deu, temos a segurança de que seremos fortalecidos.

CAPÍTULO 12
TRABALHADORES HÍBRIDOS: SEJA SUA MELHOR VERSÃO

Logo, fé e obras andam de mãos dadas (cf. Tiago 2.17). O Senhor faz a Sua parte e nós fazemos a nossa. Somos colaboradores em e com Cristo (cf. 1 Coríntios 3.9). Seu favor não anula nossas atitudes, mas também não é recompensa de nossos atos; ele é dado pela graça — e isso significa que é uma dádiva (cf. Efésios 2.8--9)! Quando nossas vidas são completamente entregues a Deus, entendemos que somos, de fato, abençoados para abençoar.

O crescimento incremental é um desses presentes divinos. Então mantenha o curso, e não saia dele. Caminhar constantemente na mesma direção traz ótimos resultados. Quer o fator exponencial entre em ação ou não, a permanência é algo a se comemorar. Não estou garantindo que sua igreja dobrará de tamanho, pois isso cabe somente ao Senhor; mas tenho certeza de que é possível com uma boa preparação. Portanto, esteja pronto, pois você nunca sabe quando o crescimento ocorrerá de maneira exponencial.

> **CAMINHAR CONSTANTEMENTE NA MESMA DIREÇÃO TRAZ ÓTIMOS RESULTADOS. QUER O FATOR EXPONENCIAL ENTRE EM AÇÃO OU NÃO, A PERMANÊNCIA É ALGO A SE COMEMORAR.**

Capítulo 13
PODE VIR: TRAGA SUA CONTRIBUIÇÃO PARA A LUTA

> *Que fazer, então, irmãos? Quando vocês se reúnem, um tem um salmo, outro tem um ensino, este traz uma revelação, aquele fala em línguas, e ainda outro faz a interpretação. Que tudo seja feito para edificação.*
> (1 Coríntios 14.26)

Em nosso primeiro ano, o Senhor me deu uma estratégia e uma filosofia de ministério baseadas no livro de Atos. Todo pastor e plantador de igrejas sabe que Atos 2.42-47 é o modelo fundamental para a Igreja do Novo Testamento:

> *E perseveravam na doutrina dos apóstolos e na comunhão, no partir do pão e nas orações. Em cada alma havia temor; e muitos prodígios e sinais eram feitos por meio dos apóstolos. Todos os que criam estavam juntos e tinham tudo em comum. Vendiam as suas*

propriedades e bens, distribuindo o produto entre todos, à medida que alguém tinha necessidade. Diariamente perseveravam unânimes no templo, partiam pão de casa em casa e tomavam as suas refeições com alegria e singeleza de coração, louvando a Deus e contando com a simpatia de todo o povo. Enquanto isso, o Senhor lhes acrescentava, dia a dia, os que iam sendo salvos. (Atos 2.42-47)

Embora essa passagem seja bem conhecida, vale a pena revisitá-la e examiná-la. Quando Jesus subiu de volta ao Céu, pediu aos Seus fiéis seguidores (cerca de cento e vinte pessoas) que esperassem pela descida do Espírito Santo (cf. Atos 1.4-11, 15). Atos 1.8 diz: "Mas vocês receberão poder, ao descer sobre vocês o Espírito Santo, e serão minhas testemunhas tanto em Jerusalém como em toda a Judeia e Samaria e até os confins da terra". Em obediência ao Mestre, eles permaneceram em oração, aguardando pelo cumprimento da Sua promessa. No dia de Pentecostes (feriado judaico)[1], enquanto os cento e vinte estavam reunidos no Cenáculo,

---

[1] N. E.: a Festa da Colheita ou Sega (cf. Êxodo 23.16) e Festa das Semanas (cf. Deuteronômio 16.10), também conhecida como Pentecostes — pois acontece cinquenta dias após a Páscoa — é uma celebração de agradecimento a Deus pelas safras do ano. Foi durante essa festa que houve o derramar do Espírito Santo no Novo Testamento, após a ascensão de Cristo (cf. Atos 1-2).

CAPÍTULO 13
PODE VIR: TRAGA SUA CONTRIBUIÇÃO PARA A LUTA

o Espírito Santo os encheu com poder, e todos começaram a exaltar as maravilhas de Deus em línguas de outros povos e nações (cf. Atos 2.1-4). O mais impressionante é que cada um deles foi compreendido pelos peregrinos de terras distantes, que estavam na cidade para as celebrações (cf. Atos 2.5-8). Essa ocasião é um dos marcos do nascimento da Igreja Primitiva.

Em pouco tempo, o Corpo se multiplicou grandemente, à medida que os apóstolos e crentes se relacionavam com o Senhor de uma maneira nunca vista. Nos dias do Antigo Testamento, a terceira pessoa da Trindade (o Espírito Santo) "vinha sobre" um indivíduo favorecido e o dotava com habilidades sobrenaturais (cf. Números 11.25; Juízes 13.25; Ezequiel 8.3). Já no Novo Testamento, todo crente tinha acesso a essa dádiva (cf. Atos 10.45-47; 1 Coríntios 12.13). A Igreja, então, explodiu com poder divino e teve impacto exponencial. O restante é história! Atos 2.42-47 é o registro de como a Igreja Primitiva operava, e continua a ser referência para a maioria das denominações hoje, incluindo a nossa.

Nessa passagem, podemos destacar oito pontos fundamentais:

1. **"[...] perseveravam na doutrina dos apóstolos [...]"** (Atos 2.42). Isso é discipulado. Aquelas pessoas se tornaram seguidoras de Jesus Cristo mediante o ensino trazido pelos apóstolos.

2. "[...] e na comunhão [...]" (Atos 2.42). Eles interagiam uns com os outros em um nível íntimo e espiritual, como irmãos e irmãs em Cristo.

3. "[...] no partir do pão [...]" (Atos 2.42). Eles celebravam a comunhão juntos, como o Senhor ordenara em Sua última ceia com Seus discípulos, conforme descrito em Lucas 22.19, e confirmado pelo apóstolo Paulo em sua carta à igreja de Corinto (cf. 1 Coríntios 11.24).

4. "[...] e nas orações" (Atos 2.42). Jesus disse aos Seus discípulos que Sua casa seria uma "[...] 'Casa de Oração' [...]" (Mateus 21.13).

5. "Em cada alma havia temor; e muitos prodígios e sinais eram feitos por meio dos apóstolos" (Atos 2.43). Eles experimentavam o poder sobrenatural do Espírito Santo.

6. "Todos os que criam [...] tinham tudo em comum [...] distribuindo o produto entre todos, à medida que alguém tinha necessidade" (Atos 2.44-45). A primeira Igreja cuidava das necessidades e bem-estar de todos.

7. "[...] partiam pão de casa em casa e tomavam as suas refeições com alegria e singeleza de

CAPÍTULO 13
PODE VIR: TRAGA SUA CONTRIBUIÇÃO PARA A LUTA

coração" (Atos 2.46). Esses discípulos comiam bastante e, além de se divertirem muito, eram cheios da alegria do Espírito.

8. "[...] o Senhor lhes acrescentava, dia a dia, os que iam sendo salvos" (Atos 2.47). A Igreja alcançava os perdidos.

Com esses preceitos em mente, lembro-me do dia em que pedi a Deus que nos revelasse qual era o nosso objetivo como instituição. Senti uma forte pressão para compreender essa questão, afinal todos os livros sobre crescimento de igrejas diziam que isso era necessário. Eu lia diversas declarações de missão, propósito, visão e valor de várias denominações que admirava — todas muito impressionantes! No começo, pegamos algumas "emprestadas", porque ainda não sabíamos como desenvolver a nossa.

Mas, então, o Senhor me deu uma ideia. Quando era pastor de jovens, meu apelido era Acróstico[2], pois eu era bom em montar frases com base nas letras iniciais de qualquer vocábulo. Aliás, na minha opinião, todo líder que se preze deveria utilizar essa ferramenta. Escolhi a palavra inglesa *Acts* ("Atos", em português) e a transformei em *ACTS*: *Attract, Connect,*

---

[2] N. E.: na versificação, um acróstico é qualquer composição poética na qual certas letras de cada verso, quando lidas em outra direção e sentido, formam uma palavra ou frase.

Train and Send ("Atrair, Conectar, Treinar e Enviar", em português).

Atrair diz respeito ao evangelismo. **Conectar** envolve a comunhão e instrução dos salvos. **Treinar** é um sinônimo para preparar, como está escrito em Efésios 4.12 (NVI): "com o fim de preparar os santos para a obra do ministério [...]". E **Enviar** refere-se àqueles que treinamos e comissionamos ao mundo, de modo que realizem o que Jesus nos ordenou: "[...] vão e façam discípulos de todas as nações [...]" (Mateus 28.19). *ACTS* — uma estratégia, uma filosofia de ministério e uma concisa declaração de missão.

No entanto, o elemento que me deixa realmente empolgado nesse esquema é: **Enviar**. A maioria dos cristãos pensa que ser "enviado" significa deixar tudo para trás e se tornar um missionário ou um plantador de igrejas. O fato é que nem todos são chamados para servir de maneira integral. Com isso em mente, o Senhor ministrou ao meu coração que deveríamos ajudar as pessoas a realizarem seus sonhos e propósitos — capacitar cada uma delas para alcançá-los. A partir disso, elas seriam "enviadas" a fim de cumprir a vontade de Deus para suas vidas.

O MITO DO CHAMADO DOS DOIS POR CENTO

Infelizmente, em inúmeras comunidades, os membros, muitas vezes, hesitam em avançar do segundo

CAPÍTULO 13
PODE VIR: TRAGA SUA CONTRIBUIÇÃO PARA A LUTA

estágio (Conectar) — é alto o número daqueles que param nesse processo ou sequer saem do anterior (Atrair). Isso resulta em menos indivíduos que entendem seus propósitos e caminham em direção à terceira fase (Treinar) e, por consequência, à última estação (Enviar). Mas por que isso acontece? Porque muitas pessoas têm uma visão ultrapassada do que significa ser chamado e enviado pelo Senhor. Alguns acreditam que apenas aqueles que são pastores ou missionários — cerca de dois por cento da Igreja — se enquadram na categoria dos que foram encarregados de realizar algo significativo em prol do Reino. Intitulo esse mito de "o chamado dos dois por cento".

Grande parte dos cristãos tem uma compreensão bastante clara a respeito da convocação divina a todos para evangelizar, viver de modo que honre o Senhor, e cultivar um relacionamento com Ele e com o próximo. Contudo, se perguntássemos a alguns irmãos quais são os seus destinos/chamados/propósitos pessoais, dados por Deus, acredito que a maioria não saberia responder a essas questões. Sempre me preocupei com essa parcela da Igreja — cerca de noventa e oito por cento. A fim de capacitá-los, decidimos abordar o processo de evangelismo, instrução e treinamento de forma diferente. Precisávamos olhar para isso de um ângulo completamente distinto.

Começamos com o entendimento de que todos os que vinham à nossa comunidade eram atraídos pelo

Espírito Santo, e tínhamos a convicção de que deveríamos cuidar bem daqueles que o Senhor nos havia confiado — cem por cento, sem exceção. Recusamo-nos a acreditar no mito do chamado dos dois por cento. Perguntamos a nós mesmos: "E se cada um que chegou até aqui se conectasse a um pequeno grupo e a um ministério específico? E se fosse treinado e instruído semanalmente? O que isso causaria na congregação?". Seria algo incrível! Caso conseguíssemos levar esses noventa e oito por cento a perceber que também têm uma função no Corpo... Imagine o que Deus poderia fazer com um povo assim?!

ACTS

Você pode estar pensando que isso parece um pouco utópico. E entendo o porquê. Porém, como tenho certeza de que todos são chamados por Deus para fazer algo significativo, acredito que cada um possa chegar até a última estação desse ciclo — **Enviar**. Esse conceito, ao qual chamei de *ACTS,* mudou radicalmente a cultura da nossa igreja. A maioria das pessoas passou a ter uma postura mais ativa nos cultos, sempre pensando: "Mal posso esperar para ver o que Deus fará e dirá hoje". E por que isso? Creio que a chave foi a criação de uma prática na qual todos têm a consciência de que recebem, constantemente, a preparação para serem enviados, com o propósito de cumprirem

CAPÍTULO 13
PODE VIR: TRAGA SUA CONTRIBUIÇÃO PARA A LUTA

seus destinos. Atrair, Conectar, Treinar e Enviar. Estamos falando de mais do que apenas um conceito genérico, e, acredite, funciona.

Os membros falam constantemente que existe algo diferente em nossa congregação — um "diferente bom". Digo que isso se deve, sobretudo, à presença do Espírito Santo e, também, ao nosso ministério de intercessão. Mas seria um erro meu não mencionar a expectativa das pessoas que frequentam os cultos; elas possuem a esperança de que o Senhor estará presente, de que Ele falará de modo individual a cada crente, e de que todos serão encontrados pelo Seu poder. Quando temos essa atmosfera no ambiente, aliada à manifestação de Deus, tudo pode acontecer!

Esse entendimento não mudou apenas a nossa igreja, mas também a maneira como prego. Em cada ministração procuro dar um exemplo relacionado à estação "Enviar". Tenho duas prioridades em meus sermões: a primeira é incluir um apelo à salvação no fim do culto; já a segunda é comunicar que todos foram **chamados para serem enviados**. Sempre que uma mentalidade é devidamente ajustada em uma comunidade, respostas surgem em forma de atitudes, e novas ideias são implementadas.

> SE DEUS LHE DER ALGO ASSIM, QUE AINDA NÃO ESTÁ PRONTO, PORÉM É RICO EM POTENCIAL, TRATE O QUE GANHOU COMO SE FOSSE OURO.

ACTS era exatamente o que nossa comunidade precisava. Recebemos isso do Senhor. Não foi algo desenvolvido na hora, ou da noite para o dia, mas aperfeiçoado ao longo do tempo. Caro leitor, se Deus lhe der algo assim, que ainda não está pronto, porém é rico em potencial, trate o que ganhou como se fosse ouro. Esse pode muito bem ser um depósito de talento que o Pai está fazendo em sua conta. Cuide bem dele, pois o modo que irá tratá-lo fará uma enorme diferença nos resultados que colherá no futuro.

TRAGA SEU PRATO

Ao longo dos anos da Inspire Church, várias analogias serviram como recursos visuais para nos ajudar a esclarecer a cultura de nossa igreja. Elas nos auxiliaram a comunicar quem somos, quem pretendemos nos tornar e quais são as nossas expectativas para o futuro.

Uma dessas ilustrações tem a ver com comida. Nós, que vivemos no Havaí, amamos nossas famosas Festas Americanas[3]. Sou suspeito para falar a respeito delas, porque as considero as melhores do mundo — se você já participou de alguma, sabe do que estou falando. Abro exceção apenas para as que acontecem no ministério de jovens, pois, muitas vezes, eles se

---

[3] N. E.: tipo de festa ou reunião informal na qual todos os convidados se prontificam a levar comida e bebida, ao contrário das festas nas quais o anfitrião é responsável por tudo.

CAPÍTULO 13
PODE VIR: TRAGA SUA CONTRIBUIÇÃO PARA A LUTA

esquecem de informar seus pais a respeito do evento, e não trazem nenhum alimento. No fim, acabamos pedindo algo em um restaurante coreano vizinho ou em alguma pizzaria barata. Mas, seja qual for o caso, as festas das quais estou falando são especiais, principalmente por causa da diversidade de povos que há em nosso grande estado.

Se fizermos um paralelo entre a Festa Americana e a Igreja, chegaremos à seguinte conclusão: todo mundo que comparece a uma delas traz um prato, porque sabe que não é apropriado aparecer de mãos vazias. Normalmente, as pessoas levam comidas que representam sua etnia e família. Se você é descendente de havaianos, por exemplo, poderia levar uma certa quantia de *poke*[4] e de porco *kalua*[5]. Caso sua origem seja japonesa, contribuiria com uma porção de sushi;

> QUANDO CADA PESSOA COMPARTILHA ALGO ESPECIAL, HÁ MAIS DO QUE SUFICIENTE PARA TODOS.

já uma família do Sul dos Estados Unidos levaria costelas grelhadas e frango. Acho que você já entendeu! Quando cada pessoa compartilha algo especial, há mais do que suficiente para todos. Isso, sim, é uma Festa Americana!

Enfim, o anfitrião dá as boas-vindas aos convidados. Há muita comunhão e música, a comida é

---

[4] Cubos temperados de peixe cru ou polvo.

[5] Carne de porco defumada, assada em um forno subterrâneo chamado *imu*.

abençoada, e logo chega a hora do banquete. Quase não existe espaço na mesa para colocar todos os pratos. As mulheres e as crianças comem primeiro. Então chega a vez dos homens. Depois que todos passam pela fila, saem carregando pequenas montanhas em seus pratos. Alguns, com um apetite maior, ficam mais do que felizes em se servirem duas vezes.

A casa é repleta de alegria por causa da fartura e da harmonia entre todos. Porém, a variedade de guloseimas que ornamenta essa reunião não é o que considero mais bonito nela, e sim o amor e o contentamento que enchem o ambiente. Todos se sentem bem, porque não apareceram sem ter algo a oferecer. Foram convidados e encorajados a **participar de alguma forma**. Sem as pessoas e suas iguarias, algo estaria faltando.

No entanto, a verdadeira bênção das Festas Americanas é a hora de ir para casa. Assim que o convidado anuncia sua partida, o anfitrião diz: "Faça um prato. Por favor! Há bastante comida e não podemos devorar tudo sozinhos. Leve um pouco para o almoço de amanhã!". E, conhecendo nossa cultura havaiana, sei que todos respondem: "Não, estou cheio. Não consigo comer mais nada". Contudo, o anfitrião insiste: "Bobagem! Faça um prato mesmo assim". Por causa de sua persistência, os convidados acabam cedendo: "Tudo bem", e logo enchem um prato ou dois. Cobertos com papel alumínio, colocam-nos em suas caçarolas, que já

CAPÍTULO 13
PODE VIR: TRAGA SUA CONTRIBUIÇÃO PARA A LUTA

estão lavadas e secas. E, assim, todos voltam para casa com uma sacola cheia de sobras deliciosas.

Uma igreja deveria funcionar dessa forma, e não como um restaurante. Ela não é um buffet onde somos servidos e nos oferecem uma variedade de pratos para que escolhamos o que mais nos agrada. Em nossa comunidade, você não entra, senta-se à mesa, e supõe que os outros virão realizar todos os seus desejos. Não! A congregação certamente não é como um self-service; pelo menos não a nossa. No entanto, um dia, um banquete será servido à Igreja, e o Senhor abençoará e proverá cada pessoa que respondeu ao Seu convite para as Bodas do Cordeiro (cf. Apocalipse 19.7-9). Até lá, enquanto ainda estivermos na Terra, nossos momentos de comunhão precisam ser como em uma Festa Americana.

> **GRANDE PARTE DAS PESSOAS DESEJA FAZER A DIFERENÇA E CONTRIBUIR PARA ALGO QUE TRANSCENDA SUA PRÓPRIA VIDA.**

A moral dessa analogia é: se cada um traz algo para a celebração, especificamente um prato que represente suas particularidades, preparado com amor e cuidado, sempre haverá mais do que o suficiente para todos. Além disso, ao sair, será possível ter ainda mais comida do que ao chegar e, com certeza, uma variedade maior de sabores. É assim, caro leitor, que uma igreja deve ser — como um banquete! Essa comparação está bem alinhada à instrução de Paulo aos crentes em Corinto: "[...] Que tudo seja feito para edificação" (1 Coríntios 14.26). A nossa "Festa Americana" enriquece o Corpo de Cristo.

Com o tempo, descobri que grande parte das pessoas deseja fazer a diferença e contribuir para algo que transcenda sua própria vida. São poucos os que querem ir a uma *smörgåsbord*[6], onde a comida foi preparada por outros, e tudo o que se precisa fazer é pegar um prato, comer o máximo que puder e sair de barriga cheia. Na verdade, a maioria prefere trazer uma iguaria, que represente seus dons ou talentos, ver os demais apreciando o que foi preparado por suas mãos e, ainda, voltar para casa com alegria, carregando uma porção daquilo que seus companheiros compartilharam. É nosso dever, como Igreja, fornecer o local e preparar a mesa para que tal festa aconteça.

---

[6] N. E.: refeição de múltiplos pratos do tipo buffet, reunindo variadas iguarias.

Capítulo 14
MOMENTUM: A ONDA QUE VOCÊ ESTAVA ESPERANDO

> *O senhor disse: "Muito bem, servo bom e fiel; você foi fiel no pouco, sobre o muito o colocarei; venha participar da alegria do seu senhor".* (Mateus 25.21)

> *[...] àquele a quem muito foi dado, muito lhe será exigido; e àquele a quem muito se confia, muito mais lhe pedirão.* (Lucas 12.48)

Vários anos se passaram e a constância nos manteve focados em nosso objetivo: alcançar o maior número possível de pessoas, por qualquer meio, para que pudéssemos "[...] salvar alguns [...]" (1 Coríntios 9.22). Como resultado, a igreja começou a crescer de forma lenta, porém segura. Sou grato pelo progresso constante que o Senhor nos concedeu. Ele sabia exatamente o que estava fazendo, enviando-nos as pessoas e os recursos necessários.

Se tivéssemos recebido mais que isso nos primeiros oito anos, não sei se teríamos administrado tudo tão bem. Talvez, nossa capacidade de pastorear ou o nível de maturidade de nossa comunidade estejam relacionados ao nosso ritmo de evolução. É possível, ainda, que o fato de o Senhor conhecer minha capacidade mental, espiritual e emocional tenha sido o motivo de precisarmos esperar um pouco mais pela chegada de novos integrantes à nossa equipe. Sem dúvida, isso nos permitiu trabalhar muito, ao mesmo tempo que nos certificamos de que nossa liderança conseguiria equilibrar suas famílias e ministérios. Em todo caso, seja qual for a razão desse progresso gradual, não trocaria aquela temporada de amadurecimento por nada neste mundo.

> SOU GRATO PELO PROGRESSO CONSTANTE QUE O SENHOR NOS CONCEDEU. ELE SABIA EXATAMENTE O QUE ESTAVA FAZENDO, ENVIANDO-NOS AS PESSOAS E OS RECURSOS NECESSÁRIOS.

MUDANÇAS

Nos anos de 2007 e 2008, o número de presentes em nossos cultos aumentou para quase setecentos, incluindo crianças. Como dito anteriormente, contávamos cada um deles. Até hoje, gosto de dizer: "Na Inspire, todos são importantes!". No entanto, naquela época, o refeitório onde realizávamos as nossas reuniões comportava, no máximo, duzentas e cinquenta pessoas,

CAPÍTULO 14
MOMENTUM: A ONDA QUE VOCÊ ESTAVA ESPERANDO

incluindo as trinta que espiavam do lado de fora. Por isso, de dois horários no domingo, passamos para três: às sete e meia, às nove e às onze horas da manhã.

Logo também começamos a realizar cultos aos sábados, às seis da noite, que permaneceram pouco frequentados por alguns meses. De vez em quando, havia até mais gente na equipe de louvor do que na congregação. Eu estava prestes a desistir dessa reunião, mas em pouco tempo o número de participantes triplicou. Confesso que adorava assistir aos jogos do Hawaii Warriors nos sábados à noite, e pensei em encerrar aqueles cultos por causa disso, porém não foi possível. Não pude testemunhar a histórica temporada invicta do Warriors, mas foi muito prazeroso ver a Noiva florescer!

Passamos alguns anos com quatro reuniões, contudo, sabíamos que poderíamos alcançar ainda mais pessoas. Por outro lado, não havia espaço, especialmente em nossos cultos de domingo às nove e às onze da manhã. Também ficava incomodado quando atingíamos cem por cento da capacidade e, semanas depois, o comparecimento diminuía para setenta a oitenta e cinco por cento. Mesmo assim, encontrar um local maior tornou-se uma necessidade. Eu não podia aceitar que nossos visitantes fossem embora porque não conseguiam encontrar um lugar para sentar-se. Algo precisava ser feito.[1]

---

[1] Miles McPherson, *Faça alguma coisa: faça sua vida valer a pena*, 2011.

NOVAS VISÕES E LUGARES

Fidelidade e produtividade — essas palavras resumem nossa história. Fomos fiéis àqueles que alcançamos e ao cuidado com o prédio que ocupamos. Acreditávamos que, se fôssemos leais e obedecêssemos à vontade do Senhor, Ele nos ajudaria a encontrar soluções criativas para administrar tudo o que estava em nossas mãos. Todavia, sabíamos que o local onde nos reuníamos limitava nosso crescimento. O pastor Bill Hybels ensinou que, para uma comunidade atingir seu "pleno potencial", ela precisa ter a maior quantidade possível de assentos nos cultos. No Havaí, a maioria das pessoas frequenta a igreja aos domingos, das nove às onze horas da manhã. Pensando nisso, começamos a fazer um culto às dez, em um lugar diferente, a cerca de oito quilômetros de distância do nosso outro endereço. Precisávamos de espaço! Era a nossa oportunidade de realizar três reuniões em um período de duas horas, algo que envolvia uma nova logística (para me levar até lá e trazer de volta no horário), bem como uma nova equipe de apoio e grupo de louvor.

> SE FÔSSEMOS LEAIS E OBEDECÊSSEMOS À VONTADE DO SENHOR, ELE NOS AJUDARIA A ENCONTRAR SOLUÇÕES CRIATIVAS PARA ADMINISTRAR TUDO O QUE ESTAVA EM NOSSAS MÃOS.

CAPÍTULO 14
MOMENTUM: A ONDA QUE VOCÊ ESTAVA ESPERANDO

Isso foi exatamente o que fizemos. Meu domingo incluía pregação às sete e meia da manhã, depois o culto das nove com adoração, avisos, uma breve ministração, um "Amém!" e um Gatorade rosa gelado (porque o azul mancharia o aparelho transparente que usava na época) para reabastecer meus eletrólitos. Então, faríamos uma viagem de oito quilômetros até a outra localidade, na cidade de Mililani.

O pessoal responsável montava o palco, preparava a recepção e as salas de aula das crianças, que reproduziam uma miniversão da nossa igreja principal. Em geral, eu chegava durante a última música do louvor, ou logo antes dos avisos semanais. Às vezes, acabava me atrasando, por estender um pouco a pregação no culto das nove. Quando isso acontecia, alguém avisava à organização de lá, e a equipe de louvor se encarregava de tocar mais uma canção. Depois da oração final, voava para dentro de um carro, no qual algum irmão já aguardava para me levar de volta a Waikele, onde faria o meu último sermão. Cinco reuniões todo fim de semana — uma no sábado à noite e quatro na manhã seguinte. Nas tardes de domingo, chegava à minha casa completamente exausto.

Essa rotina maluca durou alguns meses, até perceber que precisava dividir a carga e mudar para um modelo de ensino em equipe — apesar de que, devo admitir, o culto em Mililani deu mais certo do que planejávamos. Deus abençoou nossos esforços e começamos a crescer por lá, a ponto de lotarmos o lugar, ou seja, não demorou para enfrentarmos o mesmo problema de Waikele. Chegamos ao limite da capacidade, o que fez com que a frequência das pessoas caísse para oitenta por cento. Que raiva! Mas, ainda assim, tinha o seu lado bom, não é? Se pararmos para pensar, esse até que não era um grande problema. No decorrer do ano, consideramos ultrapassar a marca de crescimento de mil visitantes que havíamos estabelecido no início. Muitos entregavam suas vidas a Jesus todo fim de semana, e a igreja estava mais saudável do que nunca.

Eu continuava pregando em três cultos e um pastor da equipe em dois. Com o tempo, o conceito de cooperação entre a liderança começou a dar frutos. O ministério não girava mais em torno de mim. E, continuamente, os membros se disponibilizavam para assumir responsabilidades ministeriais, tanto em Mililani como em Waikele.

O MIGHTY MO

Pearl Harbor é o lar do histórico navio de guerra U.S.S. Missouri (Mighty Mo), e onde o Japão se rendeu aos Estados Unidos, encerrando a Segunda Guerra Mundial. Hoje, o navio é um símbolo de serviço, sacrifício e orgulho para o meu país e, mais especificamente, para o estado do Havaí. Nós valorizamos o Mighty Mo!

CAPÍTULO 14
MOMENTUM: A ONDA QUE VOCÊ ESTAVA ESPERANDO

À medida que a igreja cresceu, oramos e trabalhamos na esperança de termos um tipo diferente de "Mo". E caminhamos nessa esperança, como alguém que olha para o horizonte à espera do nascer do Sol, até, enfim, a Hope Chapel West O'ahu começar a ter seu *momentum*[2].

Vejamos um exemplo prático: digamos que o motor do seu carro morra, então você encosta na beira da estrada, mas está a apenas trinta metros, ou menos, de um posto de gasolina. Chamar um caminhão de reboque seria burrice, e a melhor decisão parece ser empurrar o veículo até lá. No entanto, o automóvel é muito pesado, e logo percebe que também não há ninguém por perto para ajudá-lo. Vendo que está sozinho, você endireita sua roda, entra no espaço entre a porta e o batente e, usando a mão direita para guiar o carro, empurra com toda a sua força. Devido ao seu esforço, fica quase perpendicular ao asfalto, pois todos os músculos de suas coxas e panturrilhas se empenham para mover o carro alguns centímetros. À medida que continua aplicando energia, o veículo começa a sair do lugar.

Por isso, você endireita o tronco; no entanto, ainda está curvado para manter o automóvel em movimento, apesar de perceber que pode diminuir a intensidade, afinal ele já está se deslocando. O segredo agora é sustentar a pressão e não deixar que o carro pare, alinhando as costas e fazendo o possível para preservar o seu ritmo

---

[2] N. E.: significa "movimento", "mudança", em português.

— ou seria o do veículo? Tanto faz... Em vez de empurrar com tanta força como antes, agora a maior parte do seu esforço está em conduzi-lo na direção certa, evitando o meio-fio do lado direito da pista, enquanto olha para a frente. O posto de gasolina já está próximo e, embora esteja suando, seu corpo está esfriando, porque o automóvel se aproxima de seu destino, e a grande quantidade de vigor físico que gastou valeu a pena. Você está experimentando algo muito desejado chamado *momentum*!

> **O SEGREDO AGORA É SUSTENTAR A PRESSÃO E NÃO DEIXAR QUE O CARRO PARE, ALINHANDO AS COSTAS E FAZENDO O POSSÍVEL PARA PRESERVAR O SEU RITMO.**

Assim, também, havíamos encontrado o nosso, e estávamos determinados a conservá-lo. À medida que ele aumentava, um avanço estava cada vez mais perto de acontecer. O Senhor recompensou nossa fidelidade. Com o *momentum*, veio a coragem e ainda mais crescimento. Tivemos a ousadia de sair e fazer coisas que antes não achávamos ser capazes.

Capítulo 15
A LUTA DE NOSSAS VIDAS: QUANTO MAIOR O ESTRESSE, MAIOR A CAPACIDADE

> *Ora, àquele que é poderoso para fazer infinitamente mais do que tudo o que pedimos ou pensamos [...].* (Efésios 3.20)

Até meados de 2007, plantamos duas igrejas na Austrália e mantivemos outra em O'ahu. Também ajudamos financeiramente alguns jovens missionários em outras localidades. Amávamos contribuir com a construção do Reino de Deus, tanto aqui no Havaí como em outros lugares, mas nunca deixamos de lado a nossa comunidade. Em meio a esse movimento, percebemos, com o tempo, que os locais alugados para os cultos de fim de semana não nos levavam mais até onde queríamos chegar. Apesar disso, antes de nos mudarmos, vimos que Deus ainda queria renovar nossa mentalidade em relação a algumas questões.

No caminho da minha casa até a congregação, havia o shopping Waikele, que continha três prédios com alta rotatividade de locatários. Um deles sediava uma rede nacional de computadores e uma loja de eletrônicos. Ambas vieram à falência e, quando soubemos disso, o espaço já havia sido preenchido por uma empresa de roupas.

Um outro edifício vizinho era ocupado por um supermercado. Mais tarde, transformou-se em uma grande loja de móveis. Todo fim de semana, eu passava por lá e gritava pela janela: "Em nome de Jesus, tomo posse desses prédios para a nossa igreja!" e, poucos segundos depois, chegava ao local com o qual, pela graça do Senhor, já havíamos sido abençoados. Fiz isso semanalmente, durante sete anos.

Em agosto de 2007, eu havia acabado de voltar das férias nas quais tive a oportunidade de participar da Conferência de Liderança da Hillsong Church, em Sydney, Austrália; além disso, também fui a um retiro individual e a outro em equipe. Não preciso nem dizer que eu estava em um excelente momento espiritual e que o Senhor ministrara muito ao meu coração durante esse período de descanso. No decorrer do meu retiro individual, pedi a Deus um tema para o nosso próximo ano. Receber uma palavra específica era muito importante para mim, pois eu precisava de uma direção do Alto antes de planejar o meu calendário de pregações e os futuros eventos da nossa comunidade.

Então ouvi duas coisas: **multiplicar** e **alargar**. Não sabia se tinha escutado corretamente, por isso

CAPÍTULO 15
A LUTA DE NOSSAS VIDAS: QUANTO MAIOR O ESTRESSE, MAIOR A CAPACIDADE

esperei por uma confirmação. Comecei a questionar: **"Isso é coisa da minha imaginação ou algo de Deus? Será que se trata da minha ambição mais uma vez?"**. O que havia escutado não fazia muito sentido naquele momento. A economia do nosso estado estava começando a desmoronar, as empresas faziam cortes todos os meses, e o setor imobiliário permanecia em alta. Diante dessa situação, tentei entender se o que ouvira era "divino" ou parte das minhas emoções.

Confuso e frustrado, enquanto estava no retiro, telefonei para um amigo pastor. Depois de seu encorajamento, pensei: **"Estou jejuando, sozinho, nesta acomodação na Base Marinha Kane'ohe, por que o Senhor não falaria comigo?"**. Comecei a ler as Escrituras com atenção, procurando por qualquer coisa que ministrasse ao meu coração. Deparei-me com duas passagens e não pude acreditar no que via:

> *E me disse: "Eis que eu o farei fecundo e o multiplicarei. De você farei uma multidão de povos e à sua descendência darei esta terra como propriedade perpétua".* (Genesis 48.4)

> *Alargue o espaço de sua tenda e aumente o toldo de sua habitação; não o impeça; alongue as cordas e firme bem as estacas. Porque você se expandirá para a direita e para a esquerda; a sua posteridade possuirá as nações e*

fará com que se povoem as cidades arrasadas.
(Isaías 54.2-3)

Tinha muito temor devido à magnitude das palavras **multiplicar** e **alargar**. Acredito que não ousaria pensar nelas por conta própria. Por um instante, achei que a responsabilidade do cumprimento desses direcionamentos recairia sobre mim; no entanto, sempre tive a convicção de que é o Senhor quem respalda Suas promessas — e essas haviam sido as orientações que Ele entregou para nossa próxima temporada. Embora estivesse ciente de que foram dadas originalmente à descendência de Jacó nos versículos de Gênesis, e aos israelitas no livro de Isaías, creio que também serviam perfeitamente para nós àquela altura.

Então, depois de todos os retiros e do nosso tempo em Sydney, estávamos prontos para começar a trabalhar. Em uma tarde, após voltar de viagem, eu preparava um sermão quando recebi um telefonema de Randy. "Mike", ele disse, "O que você está fazendo? Está sentado agora? Tenho más notícias". Eu odeio coisas assim! É como tomar um remédio para tosse na infância — quanto mais rápido ingerir, mais fácil se livrará do gosto amargo. Minha pressão subiu: "Fale logo, Randy", devolvi. Ele respondeu: "Você não vai acreditar. A escola acabou de nos ligar para informar que está aumentando o aluguel em duzentos por cento, e isso aconteceu após entregarmos a eles, além do pagamento, um cheque de

CAPÍTULO 15
A LUTA DE NOSSAS VIDAS: QUANTO MAIOR O ESTRESSE, MAIOR A CAPACIDADE

cinco mil dólares como doação!". Não podia acreditar no que ouvia. Queria lhe dizer que pegasse aquela contribuição de volta! Fiquei sem chão. Lisa, ouvindo o fim da conversa, perguntou-me: "O que houve?".

Devo admitir que fiquei sem reação por cerca de trinta segundos. Quando me recompus, contei à minha esposa o que havia acontecido e falei: "Pensei que o Senhor tivesse dito '**multiplicar** e **alargar**', não 'diminuir e encolher'!". Eu não sabia ao certo o que faríamos. Liguei para Randy, mais uma vez, e afirmei: "Sairemos de lá. Nós precisamos encontrar outro lugar, e muito maior". Então iniciamos uma verdadeira busca por toda a ilha.

UMA PALAVRA OPORTUNA

Essa história traz à minha memória um evento que ocorreu um ano antes de tudo isso. Recebemos um amigo como convidado (que pediu para permanecer anônimo), para liderar a adoração em nossa igreja em certo fim de semana. O Senhor estava prestes a usá-lo grandemente; mas nós não sabíamos disso, nem mesmo ele.

Nosso amigo havia ministrado durante todos os três cultos em Waikele e, antes de cantar a última música, disse: "Pastor Mike, vocês recebem palavras proféticas aqui? Estou perguntando porque tenho uma que acredito ser para você". Imagine que situação difícil! Nós, uma igreja quase-pentecostal (brincadeira!), não somos tão espontâneos quando o assunto é profecia. Mas como amava seu coração, estava conhecendo-o melhor e respeitava seu pai, decidi abrir uma exceção. Caso contrário, o que poderia dizer? *"Ah, desculpe... você tem que se encontrar com meus intercessores antes, para que eles orem sobre isso e se certifiquem de que realmente vem de Deus"*. Não, pelo menos não naquele momento. Por isso, respondi: "Claro! Porém entregue a palavra apenas a mim".

Sabe aqueles acontecimentos que guardamos em um álbum de fotos especial e, de tempos em tempos, mostramos às pessoas para relembrar o passado? Esse foi um deles. Com ousadia, ele falou: "O Senhor está dizendo que seus sonhos são muito pequenos".

Fiquei confuso com aquela declaração. Por um lado, pensei: **"Meus sonhos são muito pequenos? Eles são grandes! Você obviamente não sabe para quem está profetizando! Eu sou Mike Kai!"**. Contudo, em uma fração de segundos, as lágrimas começaram a escorrer pelo meu rosto: **"Meus sonhos são muito pequenos? Você está falando sério? Deus tem planos maiores para nós?"**. Então ele terminou de profetizar e orou por mim.

A partir daquele dia, um dos meus versículos favoritos tornou-se:

> *Mas, como está escrito: "Nem olhos viram, nem ouvidos ouviram, nem jamais penetrou*

CAPÍTULO 15
A LUTA DE NOSSAS VIDAS: QUANTO MAIOR O ESTRESSE, MAIOR A CAPACIDADE

em coração humano o que Deus tem preparado para aqueles que o amam". (1 Coríntios 2.9)

Fiquei com o texto de 1 Coríntios e a parábola dos talentos gravados em minha mente. Essa promessa de Deus a todos os crentes tem sido uma base fundamental para nossa vida e igreja. E a minha versão disso tudo é: "Se você permitir, o Senhor o surpreenderá, simplesmente porque Ele o ama". Assim, eu percebi que, em meio às más notícias, o Pai estava inserindo alguns espinhos em nosso ninho para que saíssemos dele e aprendêssemos a voar, mais uma vez.

> EM MEIO ÀS MÁS NOTÍCIAS, O PAI ESTAVA INSERINDO ALGUNS ESPINHOS EM NOSSO NINHO PARA QUE SAÍSSEMOS DELE E APRENDÊSSEMOS A VOAR, MAIS UMA VEZ.

"É SEU, IRMÃO"

Não fazia muito tempo, havia perguntado sobre o aluguel de um dos prédios do shopping Waikele — aquele que mencionei anteriormente. A loja de móveis tinha fechado um ano antes e a propriedade estava vazia; então pensei que poderíamos fazer uma proposta pelo local. Gravamos uma apresentação em um DVD, na esperança de que os proprietários considerassem locar seu edifício de onze mil e duzentos metros quadrados para nossa comunidade.

Na época, não havia sequer como pensarmos em bancar algo daquele tamanho, pois o valor do aluguel no Havaí é muito caro. Porém, **se não temos coragem, não temos glória**, certo? Era como se um calouro estivesse convidando a rainha do baile para dançar, mesmo com o namorado dela (o rei do baile) bem ao seu lado — inclusive, fiz isso no ensino médio... não muito inteligente da minha parte, eu sei —, e, então, ela aceitasse e eles dançassem juntos.

> SE NÃO TEMOS CORAGEM, NÃO TEMOS GLÓRIA.

A Palavra de Deus diz, em Provérbios 18.16, que presentes podem abrir portas. Por isso, além do vídeo, enviamos uma cesta com as melhores guloseimas havaianas para a empresa imobiliária. Um mês muito longo se passou e não tivemos resposta. Dessa forma, pensei em ligar para eles.

Curiosamente, meu bom amigo Roger Archer, da Puyallup Foursquare Church, no estado de Washington, estava comigo em um fim de semana, e decidi levá-lo ao prédio. Roger e sua esposa, Tina, pastoreiam uma das maiores igrejas da América. Quando chegamos lá, ele saiu do carro, colocou as mãos sobre a parede do edifício e começou a orar. Fiquei ali, concordando com sua prece e atento ao que estava acontecendo ao nosso redor, verificando se não havia seguranças por perto, pois, com certeza, suspeitariam de dois homens parados com as mãos estendidas. Parecíamos estar sendo

CAPÍTULO 15
A LUTA DE NOSSAS VIDAS: QUANTO MAIOR O ESTRESSE, MAIOR A CAPACIDADE

detidos sob a mira de uma arma — só que sem nenhum atirador! Quando terminou seu clamor, meu amigo olhou para mim e disse: "É seu, irmão. Está feito".

Esse é o Roger! Uma das pessoas que mais me ajudou durante todas as etapas desse processo. Quando estava triste, ligava para ele, que gritava comigo, dizendo: "O que há de errado com você, garoto? Tenha fé! Deus lhe dará isso. Creia e ponto-final". Se não fosse por Ralph Moore e Roger Archer, eu não teria suportado, emocionalmente, aquela temporada. Essa é a verdade. Espero um dia desempenhar o mesmo papel na vida de outras pessoas quando chegarem a grandes encruzilhadas em suas caminhadas na fé: "O que há de errado com você, garoto?". Eu amo isso!

Mesmo assim, não recebíamos respostas da imobiliária e continuávamos ligando para eles. Deixei mensagens de voz e enviei e-mails, mas não obtive sucesso. A companhia dona daquele shopping era como Fort Knox[1], quase impossível de conseguir contato. Porém, um dia, recebi uma ligação da gerente da empresa: "Oi, estou retornando para informar que recebemos seu DVD e seus presentes, mas no momento não estamos interessados em alugar o espaço para uma igreja. Desejamos boa sorte em sua busca por um novo local". Sem

---

[1] N. E.: Fort Knox é a principal base militar dos Estados Unidos, fundada em 1932. Além disso, desde 1940 tem sido o Quartel-General da Armadura do Exército do país com diversas escolas de treinamento militar.

demora, respondi: "Espere um pouco, por favor. Você tem algum outro possível locatário em mente, uma loja ou coisa parecida?". Ela informou que estavam esperando por uma grande loja de varejo. Então devolvi: "Isso não vai funcionar. Aquele canto do shopping é terrível para vendas". Ela questionou: "Você consegue bancar o aluguel?". Surpreso com a pergunta, falei: "Claro que sim. Todas as coisas são possíveis para Deus".

Antes do fim da nossa conversa, disse a ela que ligaria em alguns meses para ver se o espaço ainda estaria disponível. Logo que desliguei, o meu coração se entristeceu e, por um bom tempo, parei de orar pelo prédio. Decidi esquecê-lo! Não queria ter esperanças. Pensamentos de derrota começaram a entrar em minha cabeça: "**Talvez isso esteja fora do nosso alcance. Quem nós achamos que somos tentando alugar um prédio como aquele? Precisamos ser mais realistas e encontrar algo menor**". No entanto, o edifício não iria a lugar algum.

Minha expectativa de fechar aquele negócio tinha diminuído; a realidade, por outro lado, permanecia a mesma — precisávamos de um novo espaço. Portanto, seguimos em nossa busca, ainda que tivéssemos de aceitar um lugar menor. O problema é que fazer isso era como "rebaixar" a nossa visão. Infelizmente, eu comecei a mirar mais baixo, focando em algo "realista" e próximo da faixa de preço que poderíamos despender.

CAPÍTULO 15
A LUTA DE NOSSAS VIDAS: QUANTO MAIOR O ESTRESSE, MAIOR A CAPACIDADE

Com o aumento do custo do aluguel das instalações da escola, nossos pagamentos combinados[2] ficavam em torno de dez mil dólares. Gastar tanto dinheiro assim em um local para os cultos e um escritório era inviável. Vimos um prédio em frente ao nosso endereço, em um distrito industrial, mas uma academia de ginástica o alugou antes de oferecermos uma proposta. Embora todas as nossas tentativas parecessem dar errado, mantivemo-nos atentos a qualquer lugar que pudesse acomodar pelo menos quinhentas pessoas por culto. O problema é que, no Havaí, não existiam muitas opções de imóveis para o que procurávamos e, se fôssemos comprar um terreno, gastaríamos, no mínimo, dez milhões de dólares para realizar a construção de um novo templo. Nós não possuíamos tanto dinheiro assim.

QUE VIAGEM!

Naquela época, eu faria uma viagem para a Indonésia, onde eu pregaria em uma conferência de congregações e missionários asiáticos na cidade de Medan. Mesmo estando no meio da nossa busca por um novo local, embarquei para a Ásia, afinal tudo já estava pago e aquele evento reuniria duas das minhas paixões: plantadores de igrejas e missionários. Inclusive, isso me levou a iniciar uma organização sem fins lucrativos, a qual

---

[2] N. E.: pagamentos combinados são todas as despesas de aluguéis desembolsadas.

nomeei Send Hope International ("envio de esperança internacional", em português).

Após uma série de longos voos, cheguei ao evento, frequentado por pessoas de todo o Pacífico Sul e Sudeste Asiático. Estava me divertindo muito, até que ouvi uma notícia a respeito da queda no mercado de ações, em outubro de 2008, a qual chamamos de Crise Financeira Global. Devido à diferença de fuso horário e uma conexão de internet instável, não consegui mover meus investimentos para outra conta a fim de evitar prejuízos. Como muitos americanos, perdi cerca de quarenta por cento de minhas economias em três dias. Mas o que mais me preocupava, na verdade, eram as finanças da igreja, pois tínhamos dinheiro aplicado em ações relativamente seguras.

Enquanto estava na Indonésia, o Senhor me disse: "Colocarei sua igreja em Gósen, onde você estará seguro e se multiplicará". "Gósen?", pensei, "esse não era o lugar onde a família de José e a descendência de Jacó viveram em Gênesis? Eles não desfrutaram de pastagens seguras e se multiplicaram enquanto estavam por lá?" (cf. Gênesis 45.10). Embora estivesse preocupado, fiquei em paz, se é que isso fazia algum sentido naquele momento. Continuei ligando para o escritório para me certificar de que estava tudo bem, mas nada poderia ser feito de tão longe. Eu me senti impotente, apesar de saber que o Senhor controlava tudo. Gósen soou bem aos meus ouvidos.

CAPÍTULO 15
A LUTA DE NOSSAS VIDAS: QUANTO MAIOR O ESTRESSE, MAIOR A CAPACIDADE

DE VOLTA PARA CASA

Após voltar de viagem, li o jornal da manhã e descobri que uma outra loja de roupas (diferente daquela que a gerente mencionou na ligação) ocuparia o shopping Waikele. O prédio de dois mil metros quadrados, ao lado da antiga loja de móveis, também seria reformado e alugado. Dois meses se passaram, verifiquei as notícias locais novamente e soube que aquela empresa fecharia em todo o país devido à falência. Confesso que isso me deixou animado.

Então fui até o local para averiguar a situação. Quando cheguei, entrei e comecei a olhar algumas roupas até encontrar uma funcionária. Depois do obrigatório "Oi, tudo bem?" da vendedora, eu disse: "Ouvi dizer que vocês estão declarando falência. Sinto muito por isso". Ela respondeu: "*Ah*, não. Nossa loja permanecerá aberta". Ao que retruquei: "*Ah*, menos mal! Que bom! Bem... até mais, tchau". Claro que, por dentro, eu dizia: "Que ódio!". Porém, depois, comecei a me sentir mal por meu egoísmo. Na tentativa de me redimir, fiz o que pensei ser a única coisa que parecia certa naquele momento: comprei uma camisa.

Um pouco desapontado, fui até meu carro e, quando estava prestes a destrancá-lo, notei algo: uma porta aberta. Não era qualquer uma, era a da loja de móveis, onde todas as minhas esperanças e sonhos poderiam ser restaurados. Até aquele dia eu nunca tinha visto isso acontecer. Sempre que passava por lá, apenas notava as luzes acesas. Finalmente, havia encontrado minha chance. Quando nos deparamos com uma abertura, precisamos passar por ela.

"Oi! Você se incomodaria se eu desse uma olhada lá dentro?", perguntei ao homem que estava consertando a porta. "Embora eu não me importe, não trabalho aqui", ele respondeu. Decidi ousar um pouco mais, e disse que não contaria a ninguém se ele me deixasse entrar, ao que me explicou que seu chefe voltaria em breve, e que eu poderia apenas olhar de onde estava. "*Ah*, poxa!", insisti, "Vou entrar e sair correndo. Você pode me vigiar. Sério, pareço um cara que roubaria algo?". O homem não estava convencido a aceitar minha proposta. "*Ok*. E se eu apenas pisasse ali, a três metros de distância, e desse uma olhada rápida?", perguntei. Vale a pena persistir por algo assim. Enquanto continuava perto do trabalhador, dei uma espiada naquele lugar escuro e orei de uma maneira que gosto de chamar de "línguas de metralhadora", ou seja, fiz uma oração no Espírito, como se estivesse atirando: "***Paratata-tatatata... ta***". Satisfeito, virei-me e fui embora.

> **QUANDO NOS DEPARAMOS COM UMA ABERTURA, PRECISAMOS PASSAR POR ELA.**

O homem gritou: "Meu chefe voltará do almoço daqui a uma hora!". Agradeci e entrei no meu carro. Não poderia voltar em uma hora para falar com ele, pois tinha um compromisso naquela tarde. "**O que for para**

CAPÍTULO 15
A LUTA DE NOSSAS VIDAS: QUANTO MAIOR O ESTRESSE, MAIOR A CAPACIDADE

ser, será", pensei. Mas Deus tinha planos ainda melhores que os meus.

Assim que entrei no meu veículo, inesperadamente o tal "chefe" chegou em seu caminhão branco. Aproximei-me dele e disse: "Oi! Sou Mike Kai. Este lugar está disponível para locação?". Ele respondeu: "Sim. A economia está tão ruim agora que teremos de alugá-lo o mais rápido possível". O que eu falei antes? Sou um homem de Deus cheio de fé! Começamos as negociações, mas, em certo momento, percebi que aquilo não daria certo. Uma das grandes lojas de varejo do complexo comercial tinha uma cláusula em seu contrato dizendo que nenhuma "casa de adoração" poderia se tornar uma inquilina ali. Fiquei pasmo! "Isso só podia ser de origem demoníaca", concluí. Não sei ao certo se a exigência tinha a ver com o estacionamento do lugar, ou se era apenas algo contra a religião cristã (o que não me surpreenderia); independentemente do motivo, estava atrapalhando nosso destino.

Dias e semanas se passaram e nada aconteceu. Nenhum e-mail ou ligação respondidos. Aos poucos, minhas esperanças foram diminuindo, mais uma vez, ao ponto de quase acabarem. Estava no meu pior momento.

FALE COMIGO

Acordei em uma manhã, ainda desanimado, e me arrumei para levar Bekah à escola. Enquanto saía de casa, disse para Lisa: "Nós vamos perder, *babe*. Não vamos conseguir". Minha esposa é uma chinesa determinada — e linda também. Ela disse: "Pare com isso, Mike. Você está ouvindo o que diz?". Eu não conseguia acreditar na vitória. Depois de deixar minha filha no colégio, parei em um posto de gasolina e liguei para nosso corretor de imóveis: "Se for preciso, irei até a sede da loja em Ohio para obter uma resposta. Isso é ridículo! Talvez possa levar uma cesta de presentes. Parece que isso sempre funciona...". Ele me disse que era necessário ter paciência — falar é fácil — e, embora estivesse tão preocupado quanto eu, tinha razão.

Segui minha rotina diária normalmente. Fui à academia para treinar, coloquei meus fones de ouvido e escutei uma música de adoração chamada *Speak to me* ("fale comigo", em português). Por que fiz isso? Sentei-me no banco, cobri minha cabeça com a toalha de treino e comecei a chorar, por causa da letra. Quem se emociona em uma academia? Não conseguia me controlar! Fiquei envergonhado e fui embora, com os olhos vermelhos e o nariz escorrendo. Parti para casa, porque combinei com Lisa de almoçar às onze. Depois de algumas horas trabalhando no meu sermão, entramos no carro e saímos.

Aquela canção havia me marcado tanto que, enquanto dirigia, precisei ouvi-la novamente. Lisa colocou a mão sobre meu braço e disse: "Está tudo bem, querido. Vai ficar tudo bem". As lágrimas voltaram a

CAPÍTULO 15
A LUTA DE NOSSAS VIDAS: QUANTO MAIOR O ESTRESSE, MAIOR A CAPACIDADE

escorrer. Quando a música começou, disse: "*Babe*, ouça essa canção. O Senhor ministrou ao meu coração por meio dela na academia". Tive de colocar meus óculos de sol, porque comecei a chorar e não consegui mais parar! Porém, minha combinação de autopiedade e adoração parou quando fui interrompido pelo toque do meu celular. Era o nosso corretor de imóveis:

— Fala, meu querido. O que você está fazendo? — ele perguntou.

— Estou no carro com a Lisa — respondi em um tom não muito amigável.

— Para onde está indo? — ele quis saber.

— Vou almoçar. Por quê? — por um instante, esqueci que ele estava simplesmente fazendo seu trabalho.

— Você pode conversar agora? — ele insistiu, parecendo estar mais animado do que eu, o que me deixou curioso e irritado ao mesmo tempo.

— Sim. Já estou fazendo isso, certo? Pode falar — Lisa revirou os olhos para mim.

— *Ok*. O lugar é nosso! A loja de varejo assinou um documento abrindo mão da cláusula a respeito da "casa de adoração"!

Voltei a chorar e tive de encostar na beira da estrada, porque estava sem condições de dirigir. Precisava agradecer ao Senhor com o corretor de imóveis ao telefone. Até hoje me emociono ao lembrar desse momento.

Deus é tão bom e fiel!

CAPÍTULO 16
O MELHOR AINDA ESTÁ POR VIR: SEMPRE CONTENTE, MAS NUNCA COMPLACENTE

> *O seu primeiro estado parecerá pequeno comparado com a grandeza do seu último estado.*
> (Jó 8.7)

Muitas vezes, ouvimos pessoas dizerem: "Deus não nos dá mais do que podemos suportar". Embora essa afirmação não seja retirada diretamente das Escrituras, em geral, ouvimos essas palavras de quem está preocupado, de verdade, com nosso bem-estar enquanto passamos por um momento difícil. É como uma pomada usada para trazer alívio temporário. Seja como for, acredito que essa frase esteja correta apenas até certo ponto. Por quê? Porque, certamente, o Senhor sabe o quanto somos capazes de aguentar. No entanto, também creio que não é errado dizer que, em certos casos, **Deus pode nos dar mais do que podemos suportar,** pois deseja trabalhar algo específico em nossas vidas. São nessas temporadas de desenvolvimento que Ele deseja que confiemos na Sua vontade para conquistarmos a vitória. Quase todos os personagens principais da Bíblia enfrentaram questões que eram muito maiores do que conseguiriam lidar por conta própria.

Também podemos relacionar essa mesma declaração à distribuição de talentos da parábola de Mateus 25.14-30. Ou seja, Deus **não** nos dará algo a mais se não soubermos administrar aquilo que já está em nossas mãos, pois Ele evita desperdícios. O mesmo conceito se aplica à cozinha, por exemplo. Seria uma tolice despejar um galão de leite em um recipiente que comporta somente um litro, porque ele não conteria uma quantidade tão grande quanto a necessária. Nesse caso, o ideal é utilizar um de igual ou maior proporção para evitar quaisquer perdas.

> DEUS PODE NOS DAR MAIS DO QUE PODEMOS SUPORTAR, POIS DESEJA TRABALHAR ALGO ESPECÍFICO EM NOSSAS VIDAS.

Sendo assim, podemos observar que os três servos dessa parábola possuíam **capacidades** diferentes para gerenciar o que lhes fora confiado. Os trabalhadores com um e dois talentos não receberam cinco, porque não tinham a habilidade necessária para lidar com mais do que isso. Portanto, alcançaram resultados de acordo com sua medida.

Da mesma forma, nosso antigo prédio não teria capacidade de acomodar as milhares de pessoas que hoje frequentam a Inspire Church. Não havia tamanho, número de assentos, estacionamento ou espaço suficientes

CAPÍTULO 16
O MELHOR AINDA ESTÁ POR VIR: SEMPRE CONTENTE, MAS NUNCA COMPLACENTE

para crescer. Nossa igreja era muito pequena! Apesar disso, fizemos tudo o que éramos capazes para alcançar cerca de mil indivíduos: cinco cultos todo fim de semana em dois locais diferentes. Não havia mais nada que pudéssemos fazer, a menos que quatrocentos deles recebessem uma revelação divina para participarem da reunião das sete e meia da manhã, e assim aliviar os horários das nove e das onze. Já tínhamos aumentado a quantidade de sessões ao máximo e fomos mordomos fiéis até aquele momento. Foi então que, finalmente, a recompensa chegou!

Quando penso na história da nossa igreja, lembro-me de que houve dois anos críticos em que o Senhor nos levou a um ***ho' nutha level***[1] ("um nível completamente novo", em português). Durante esse período, nossa liderança se desenvolveu e todos nós amadurecemos como comunidade. Mantivemos o fogo da evangelização dos perdidos aceso, e fizemos o nosso melhor para cuidar tanto daqueles que eram novos convertidos quanto dos que estavam conosco há mais tempo.

Adicionamos essa máxima ao nosso vocabulário e a enfatizamos a cada seis meses a partir dali, fazendo dela uma parte do nosso DNA como denominação. Sempre que olhávamos ao redor do refeitório (nosso santuário improvisado), por exemplo, nós nos perguntávamos:

---

[1] Aprendi esse termo na minha primeira Conferência Hillsong, em 2006, quando Ed Young, de Dallas, Texas, repetia a frase. Fiquei com ela na cabeça desde então.

"Em que ponto podemos melhorar? O que precisa ser mudado?". Talvez, fosse a tecnologia ou a disposição dos elementos no púlpito; nosso treinamento de liderança ou discipulado, nossas atitudes ou perspectivas, nossa generosidade ou compaixão. Tudo era levado em conta! Então priorizávamos as questões mais urgentes a serem trabalhadas e lidávamos com elas. Ainda hoje, esse é um dos componentes mais importantes para reforçar a fidelidade da nossa congregação.

Voltar a essas memórias tem se tornado cada vez mais precioso com o passar do tempo. E algo que permaneceu vívido em nossos corações, desde esse posicionamento, foi o senso de pertencimento e posse daquele antigo espaço. Todos os funcionários concordavam que já estávamos jogando em "um outro nível". Mesmo assim, isso nunca gerou em nós algum tipo de superioridade ou soberba. Éramos apenas gratos ao Senhor pelo prédio da escola e sabíamos administrá-lo bem. Foi em nosso tempo por lá que maximizamos nossa capacidade de receber pessoas, expandimos nossa liderança e aprimoramos nosso cuidado com o rebanho; ali fomos agraciados com mais do que imaginávamos. Nossos dois talentos tornaram-se quatro! E a Deus seja a glória por isso.

MAIS DO QUE CONSEGUIMOS ADMINISTRAR

Às vezes, o Senhor nos dá mais do que somos capazes de gerir. Ao longo do processo de pastoreio

CAPÍTULO 16
O MELHOR AINDA ESTÁ POR VIR: SEMPRE CONTENTE, MAS NUNCA COMPLACENTE

da igreja, houve momentos em que nos deparamos com situações que pareciam impossíveis de lidar. Nessas horas, Deus estava lá para compensar nosso déficit. Mudar para um prédio como aquele que estávamos alugando exigiu muita fé da nossa parte. Como você leu no capítulo anterior, o processo foi quase insuportável. Nossa confiança no Pai e habilidade aumentaram muito naquela temporada. O que parecia difícil e doloroso se tornou o novo normal e, principalmente, a base sobre a qual construiríamos. A partir do momento em que ultrapassamos aquela fase, tornamo-nos aptos a subir mais alto e ver mais longe, porque as provações do passado, que pareciam tão assustadoras na época, agora eram a fonte do nosso fortalecimento.

Levando tudo isso em conta, qual seria, então, o verdadeiro motivo de o Senhor nos dar mais do que podíamos suportar? Acredito que foi devido a duas questões. Uma diz respeito ao fato de que nossa resistência e resiliência aumentavam ao longo desse processo. Conforme suportávamos provações, nós nos tornávamos mais firmes. O outro fator para isso estava ligado à nossa aproximação de Deus à medida que as lutas e dores se intensificavam durante o nosso amadurecimento. Afinal, o Pai Se deleita em estar perto de Seus filhos. Quebrantamento e humildade, dependência e desesperança — tudo isso nos levou a confiar mais n'Ele e em Seu poder.

Portanto, o propósito disso sempre será aumentar nossa vitalidade e gerar em nós uma dependência do

Alto ainda mais profunda. Foi o que aconteceu comigo e com a nossa comunidade naquele tempo. Hoje, temos uma história de fidelidade ao Senhor para contar. Ou seja, ainda que para o ser humano coisas assim pareçam impossíveis, "[...] para Deus tudo é possível" (Mateus 19.26).

A INSPIRAÇÃO É UM BOM INVESTIMENTO

Adoro inspirar pessoas a responderem ao chamado de Deus para suas vidas. Fico muito feliz quando uma pregação minha, ou uma simples conversa em uma cafeteria, motiva um novo líder a fazer algo para Jesus. Até porque precisamos de mais pastores e empresários atingindo todo o potencial que têm. Devemos encorajar os jovens a verem além de suas concepções cínicas a respeito do futuro e a avançarem para um novo nível em suas vidas, independentemente das previsões econômicas, diferenças políticas, divisões raciais ou problemas sociais ao redor ao mundo. Os indivíduos que se encontram desanimados precisam ser desafiados a superarem suas circunstâncias, e perceberem que **o Senhor está com eles** e tem um plano incrível para cada um (cf. Josué 1.9). Porém, para que isso aconteça, é preciso que sejam impulsionados por meio do encorajamento.

Veja bem, quando Deus nos inspira com um livro, uma conferência, pregação ou visão, por exemplo, isso precisa ser traduzido em ações e mudanças que afetarão

CAPÍTULO 16
O MELHOR AINDA ESTÁ POR VIR: SEMPRE CONTENTE, MAS NUNCA COMPLACENTE

as pessoas ao nosso redor. Acredito que a inspiração deva sempre influenciar aqueles que estão à nossa volta de alguma forma. Ela é como aquela primeira peça de dominó que, ao ser empurrada na direção certa, cria um efeito em cadeia, gerando uma série de eventos que, inevitavelmente, impactam todas as outras peças em seu caminho.

Quando estou empolgado, é necessário tomar cuidado! Com certeza, alguém será conduzido ou até mesmo lançado para um novo rumo. **Aliás, em determinadas circunstâncias, nada acontece até que uma pessoa seja inspirada.** No momento em que Deus direciona um indivíduo, a vida dele se torna um sacrifício divinamente inflamado. Por isso, nunca subestime o poder de uma provocação; tudo pode começar a partir dela. E, às vezes, nós precisamos "pagar" um preço para obtê-la.

> EM DETERMINADAS CIRCUNSTÂNCIAS, NADA ACONTECE ATÉ QUE UMA PESSOA SEJA INSPIRADA.

Certa vez, Ben Houston (da Hillsong Church), o autor e pregador John Bevere, Lisa e eu estávamos almoçando depois de um de nossos eventos, quando minha mulher disse: "John, adoraria que sua esposa, Lisa (sim, as duas têm o mesmo nome), pregasse em nosso primeiro congresso de mulheres, que acontecerá no próximo ano". Ele perguntou se ela já havia escutado sua companheira ministrar antes. Eu tive essa oportunidade, e posso dizer que Lisa Bevere é possivelmente uma das pessoas mais abençoadas e ungidas que já ouvi em minha vida. Minha mulher disse que não, e John lhe fez um convite: "Você precisa participar da Conferência Colour Women's ('cor feminina', em português), organizada pela mãe do Ben, a pastora Bobbie Houston. Acredito, de verdade, que você deva estar lá". Contudo, havia um problema. Tínhamos planejado uma viagem (com a qual sonhei a vida toda) para a Argentina, durante sete dias; seria uma das primeiras vezes em que deixaríamos nossas duas filhas mais novas em casa. Essas nossas férias ocorreriam justamente uma semana antes do congresso que aconteceria na Austrália. Sabíamos que tudo seria bem corrido, mas também muito proveitoso.

Minha esposa parou e ficou em silêncio por um instante. Então logo tomei a frente e lhe disse que cuidaria das meninas, assim ela poderia viajar para Sydney no dia em que chegássemos de Buenos Aires. Queria muito que ela participasse do evento, pois senti que aquele seria um tempo precioso entre ela e o Senhor. Pensei: "Temos como pagar a viagem. Lisa precisa ir". Ben acrescentou: "Os ingressos estão esgotados, mas consigo adicioná-la à lista de convidados. Tenho certeza de que você vai adorar!". Cercada por três homens que a encorajavam enfaticamente a ir, ela cedeu e aceitou o convite. Fiquei muito feliz por isso.

Lisa me ligou poucas vezes durante a conferência, pois sabia que as coisas permaneciam as mesmas em

CAPÍTULO 16
O MELHOR AINDA ESTÁ POR VIR: SEMPRE CONTENTE, MAS NUNCA COMPLACENTE

nossa casa. Em meio à saudade, orava por ela, confiando que o Senhor estava fazendo grandes coisas em sua vida naquele lugar.

Quando minha esposa voltou, não falou muito a respeito do congresso. Percebi que ela precisava processar seus pensamentos e orações antes que pudéssemos ter uma boa conversa a respeito de tudo o que acontecera. Depois de três dias, estávamos tomando uma xícara de chá, quando Lisa finalmente disse: "Tenho medo de lhe contar o que Deus me orientou na Colour, pois sei que, depois de falar, precisarei assumir a responsabilidade por isso". Eu me preparei para o que estava por vir, e ela continuou: "O Senhor me disse que necessito ter um papel maior na igreja, e me falou para conversar com você sobre começarmos um culto para mulheres, uma vez ao mês, a fim de encorajá-las. E ainda tem mais".

Essas duas primeiras ideias não me incomodaram em nada, mas fiquei um pouco apreensivo com o que diria em seguida. Na verdade, não deveria ter me preocupado tanto assim. Dois anos antes desse momento decisivo para Lisa (para todos nós, na verdade), o Senhor falou comigo, na minha primeira conferência da Hillsong Church: "Conceda o púlpito à sua esposa. Quero que Lisa tenha uma voz mais ativa". Compartilhei isso tudo, porém, na época, ela hesitou. Depois de mais algumas tentativas, percebendo a sua resistência, decidi manter as coisas como estavam. Só que, agora, ela havia sido impulsionada diretamente por Deus e estávamos, portanto, na mesma página.

Não viemos de um modelo de igreja onde a esposa do pastor apenas prega ou pastoreia exclusivamente as mulheres. Assim como eu, Lisa é uma ministra ordenada em nossa denominação que, como disse anteriormente, foi fundada por uma mulher. Ter lideranças femininas ensinando a comunidade, de fato, não era um problema para nós. Ou seja, o cerne da questão não era o modelo, mas o "vaso". Minha esposa não se sentia pronta. E, para que ela chegasse a essa posição, o Senhor tinha de me preparar antes. Afinal de contas, será que eu saberia lidar com isso? Poderia dar espaço para Lisa e o Arise ("levante-se", em português, o eventual nome de seu ministério, conferência e culto mensal)? Estava seguro o suficiente em meu posto, para incentivá-la a aceitar seu novo papel? A resposta definitivamente era: sim.

Desde que minha esposa respondeu ao seu chamado pessoal, mulheres de todo o Havaí fizeram o mesmo. Centenas delas participaram do Arise e foram ministradas, inspiradas e capacitadas para se tornarem tudo o que Deus as chamou para serem. Foi uma das coisas mais incríveis que testemunhei nos últimos três anos da nossa igreja. E atribuo muito disso a uma dona de casa (uma ocupação muito nobre, devo acrescentar) que respondeu a uma convocação para levar outras donas de casa e mulheres de negócios a se colocarem na posição

CAPÍTULO 16
O MELHOR AINDA ESTÁ POR VIR: SEMPRE CONTENTE, MAS NUNCA COMPLACENTE

que o Senhor havia estabelecido para cada uma delas. Tudo isso só aconteceu porque ela foi inspirada! Nesse caso, valeu a pena pagarmos o preço pelo impulso.

Eu não tinha ideia do efeito que aquela conferência teria em Lisa. Se você conhecesse minha esposa, saberia que ela não é inconsequente. Os congressos de mulheres não eram bem sua praia. No entanto, tudo mudou quando John e Ben a convenceram de que precisava participar daquele em específico. Depois de pensar bastante, ela decidiu que se permitiria e sairia do seu conforto.

E como sou grato por isso! Lisa foi inspirada a organizar nossa própria conferência de mulheres, a qual chamou de Arise, porque foi exatamente o que aconteceu com ela. O Senhor a chamou para **se levantar** e assumir um lugar de liderança que ela nunca havia imaginado antes. Por meio do seu ministério, muitas outras mulheres em nossa congregação e no Estado estão obedecendo ao seu chamado e usando o potencial que Deus lhes deu, o que está impactando nossa igreja de uma maneira incrível! Acredito que temos uma comunidade muito mais saudável por causa do papel de Lisa como mãe-da-casa. Inclusive, recomendo a leitura de seu livro *Perfectly you* ("Perfeitamente você", em português), no qual ela narra com mais detalhes seu testemunho.

Além dessa história, um dos exemplos de incentivo que mais me comove são as famílias. Eu me sinto inspirado ao ver lares que permanecem juntos e perseveram em tempos difíceis. A estrada pode ser cheia de altos e baixos em certos momentos, mas adoro vê-las vencendo suas lutas e se tornando mais fortes e unidas após passarem pelo fogo da aflição. Isso realmente me emociona!

Minha esposa e minhas filhas têm o dom de me motivar, e eu busco sempre ser uma fonte de inspiração para elas também. Quando Lisa se gaba de mim na frente de nossos amigos, eu me sinto muito bem! Na minha posição (e sei que alguns de vocês experimentam a mesma coisa), recebo o apreço de pessoas o tempo todo; sou realmente grato por isso. Não vivo pelo aplauso, é claro, mas tal estima fornece um "combustível para o meu tanque" que pode durar semanas! Porém, quando alguém da minha família demonstra admiração por mim... cuidado! Posso ter atitudes inimagináveis: pular um muro, escalar a montanha mais alta, nadar no mar mais profundo — qualquer coisa, pois me sinto energizado! Existe até um certo olhar de Lisa que me anima absurdamente. Mas vou parar por aqui para não fugir muito do que me propus a falar.

Reflita por alguns instantes: quem ou o que é a sua inspiração hoje? Se for sua igreja, faça o que puder para comparecer às suas reuniões, pois nada acontece a menos que estejamos motivados! Em nosso caso, desembolsamos bastante dinheiro enviando nossa equipe a lugares com o objetivo de desenvolvê-la, o que, por sua vez, impacta nossa congregação. Da mesma forma, você pode investir financeiramente em sua comunidade

CAPÍTULO 16
O MELHOR AINDA ESTÁ POR VIR: SEMPRE CONTENTE, MAS NUNCA COMPLACENTE

local, proporcionando um ótimo retorno a quem se dispõe a fazer isso com o coração voluntário.

É possível que a inspiração também nasça de um tempo na praia ou nas montanhas, por exemplo. Muitas vezes, a criatividade flui quando estamos diante da beleza da Criação. Valorizo minhas caminhadas na praia, seja sozinho ou com Lisa, quando andamos de mãos dadas, na areia, ou com os pés na água. Deus sempre está conosco nesses momentos, e algo divino gera em nós a motivação que, por sua vez, torna-se ação, seja na forma de um sermão ou até mesmo de uma canção. Por outro lado, às vezes, Lisa tem algumas ideias nos seus momentos de reflexão e, consequentemente, vejo-me varrendo as folhas do quintal ou pintando o banheiro por causa disso. Mas não é desse tipo de coisa que estou falando.

De qualquer forma, não podemos nos esquecer de que tão importante quanto recebermos inspiração é sermos inspiração para outros. Devemos sempre nos perguntar: a quem estamos inspirando? Não precisa necessariamente ser outra igreja. Pode ser uma mãe solteira, sentada na sexta fileira. Pode ser um "Timóteo", que você decidiu convidar para ir à sua casa ou auxiliá-lo na troca do óleo de seu carro enquanto conversa sobre os processos pelos quais ele está passando. Aliás, agradeço ao pastor Ralph por me ajudar com meu velho Volvo. Enquanto ele me instruía sobre os aspectos mecânicos (eu não sabia disso na época), também me discipulava. Então encontre alguém para ser sua referência, e faça o mesmo por outra pessoa em troca. Dê início a uma reação em cadeia com impacto duradouro.

INFLUÊNCIA

Um pastor mais velho do que eu fez uma visita à nossa igreja uns anos após termos ocupado o novo prédio. Encantado com o que viu, disse-me: "Sabe, isso não é só para você". Surpreso com sua fala, minha resposta automática foi um confiante: "Eu sei". Devido à correria dos cultos, não pude continuar a conversa. Afastei-me um pouco perplexo e só fui entender o que ele havia dito meses depois — nossa história tem de ser compartilhada. Os dons, talentos e habilidades que o Senhor nos deu não deveriam ser guardados para nós mesmos, escondidos ou, pior de tudo, enterrados. Pelo contrário, precisavam servir de inspiração para outros.

Nossas inseguranças e a percepção que temos dos demais podem ser nossas piores inimigas. Lembro-me de como hesitei em organizar as primeiras conferências Equip and Inspire, porque estava preocupado com o que os outros pensariam. Sou muito feliz por ter superado essa questão. Se tivesse permitido que as opiniões alheias a respeito de mim ou da minha igreja guiassem minhas decisões, acredito que não estaríamos onde estamos hoje.

Além disso, não acho que Deus Se deleitaria com meu medo dos julgamentos externos. O temor de

CAPÍTULO 16
O MELHOR AINDA ESTÁ POR VIR: SEMPRE CONTENTE, MAS NUNCA COMPLACENTE

homens substitui o Senhor como nossa única fonte. Ou seja, eu necessitava considerar o Seu parecer mais do que qualquer outra coisa. Independentemente do que possam pensar sobre nós, essa é a melhor forma de honrarmos a todos. Por outro lado, se permitisse que uma mentalidade de inferioridade me segurasse, isso impediria nossa congregação de crescer.

Acredite quando digo que há uma tensão constante entre autoconfiança e uma servidão humilde e corajosa à semelhança de Cristo. Ajoelhar-se no chão, repetindo que não somos ninguém e que nossa igreja não é nada, não significa honrar o Senhor, porque diminui Sua glória e o preço pago na Cruz. Sim, sem Jesus não somos ninguém. E sem Ele em minha vida como meu Salvador, tenho medo de imaginar onde poderia estar hoje. Mas o Senhor **está** conosco, Seu poder é ilimitado e a vitória está em Suas mãos (cf. Isaías 41.10; 2 Crônicas 20.6)!

> NOSSAS INSEGURANÇAS E A PERCEPÇÃO QUE TEMOS DOS DEMAIS PODEM SER NOSSAS PIORES INIMIGAS.

Por isso, precisamos nos esforçar para andarmos tanto em simplicidade quanto sobre a seguinte promessa do Antigo Testamento: "O Senhor os porá por cabeça e não por cauda; e só estarão em cima e não debaixo, se obedecerem aos mandamentos do Senhor, seu Deus, que hoje lhes ordeno, para os guardar e cumprir." (Deuteronômio 28.13). É o que desejamos! Reconhecemos tudo o que nos foi dado, e isso nos obriga a usar o que temos para a glória de Deus. Portanto, precisamos nos responsabilizar com a influência que devemos ter fora do nosso círculo. Certamente não estávamos procurando por isso, mas o Senhor nos confiou essa relevância, e cabe a nós fazer o melhor uso possível dela.

ADMINISTRADORES POR INFLUÊNCIA

Ficávamos surpresos quando pastores nos pediam conselhos antes mesmo da construção e crescimento da nossa comunidade. Mesmo assim, decidimos aceitar o compromisso com a influência que Deus havia nos dado e, há quatro anos,[2] começamos uma organização sem fins lucrativos, a qual nomeamos Send Hope International, para apoiar plantadores de igrejas e missionários. Nossa intenção era aliviar a pressão do orçamento nas missões de nossa comunidade, em especial, durante as viagens internacionais, uma vez que as congregações que havíamos estabelecido ou discipulado não tinham condições financeiras de bancar nossa ida até elas. Então, em vez de a Inspire Church pagar por tudo, criamos uma entidade separada, que receberia fundos destinados ao desenvolvimento de novos pastores e líderes.

A melhor maneira de administrarmos a influência que recebemos é por meio de nossos recursos e eventos.

---

[2] N. E.: este livro foi publicado originalmente em 2013, portanto a organização teve início em 2009.

CAPÍTULO 16
O MELHOR AINDA ESTÁ POR VIR: SEMPRE CONTENTE, MAS NUNCA COMPLACENTE

Nosso congresso de liderança Equip and Inspire, por exemplo, tornou-se um marco no Havaí para equipes ministeriais de diversas congregações. A primeira conferência Arise Women, com Lisa Kai e Lisa Bevere, encheu o local com mais de novecentas mulheres. Hoje, a Arise realiza dois eventos consecutivos, que recebem cerca de três mil participantes.

Todavia, a influência deve ser bem administrada. Caso contrário, será arruinada. A história de Geazi, servo de Eliseu, relatada em 2 Reis 5, é um bom exemplo disso. Se não cuidarmos daquilo que carregamos, podemos entregá-lo a outro. Também entendo que nosso papel como agentes desse processo pode não durar até a vinda do Reino — há momentos em que Deus, sendo soberano, simplesmente moverá a unção e influência para outro lugar. E essa é uma prerrogativa Sua.

Pode existir a hora certa para se passar a liderança de um trabalho para alguém mais adequado, por exemplo; pois não podemos esperar que tudo dependa de nós o tempo todo. Eventualmente, precisaremos liberar o que temos. E, na minha opinião, será melhor se discernirmos com antecedência a chegada desse momento, e não retermos qualquer coisa mais do que o necessário.

Hoje em dia, digo a mim mesmo: **"Segure a influência levemente, Mike. Não permita que seja tirada de você. Não a trate com desprezo nem se torne complacente por existirem outras pessoas igualmente famintas e capazes. Não a deixe cair por descuido** e não a jogue no chão por frustração ou exaustão. Cuide bem dela. Lute pela honra de entregá-la a alguém um dia e sussurrar em seu ouvido: 'Se você estragar tudo, vai se ver comigo!'". Brincadeira! Encoraje as pessoas dizendo: "Corra o mais rápido que puder! Não olhe para trás; mantenha seus olhos fitos à frente. Avance com paixão! Mas lembre-se de carregar a influência com leveza!". Feito isso, observe em silêncio seu sucessor se afastar, e sorria.

ATINJA SEU POTENCIAL

Fomos abençoados, além de nossas expectativas mais otimistas, com diversas pessoas maravilhosas, as quais amamos muito. Temos a equipe mais dedicada e atenciosa que já vi em minha vida. Mas isso significa que já conquistamos tudo o que queríamos? De jeito nenhum! Você está de brincadeira? Ainda somos jovens. Há líderes para treinar, igrejas para plantar e almas para serem salvas. Além disso, temos de atingir todo o nosso potencial como comunidade.

Cada ser humano nesta Terra possui capacidade para alcançar tudo o que foi criado para ser, mas por uma razão ou outra, às vezes, falha nesse objetivo. Contudo, o **potencial** está sempre presente. Sempre! Lisa se casou comigo não necessariamente com base no que eu era naquela época, e sim no que **poderia vir a ser** (de vez em quando, eu a provoco dizendo: "Como você

CAPÍTULO 16
O MELHOR AINDA ESTÁ POR VIR: SEMPRE CONTENTE, MAS NUNCA COMPLACENTE

ainda gosta de mim?"). E se uma pessoa sozinha tem essa aptidão toda, a Igreja também tem. Agora, imagine vários indivíduos juntos em um só corpo... o resultado é uma congregação repleta de eficiência!

Todo o **potencial de uma igreja poderia ser atingido** se, durante sua existência, ela impactasse cada pessoa que estivesse ao seu alcance. Se encorajasse a próxima geração e lhe passasse o manto da liderança, resultaria em quê? Dez mil almas? Cinquenta mil? Um milhão?

Considere o seguinte: que valor numérico poderíamos atribuir à Igreja que Jesus fundou, há mais de dois milênios, no Cenáculo, em Jerusalém? Bem, eles começaram com cento e vinte pessoas. Hoje, estão na casa dos **incontáveis** bilhões!

Então qual é o seu potencial? Qual é o potencial da sua igreja? O que você pode fazer com o que lhe foi dado, seja isso um, dois ou cinco talentos? O importante é o que você faz com o que tem, não a quantidade que recebeu. Fidelidade. Zelo. Multiplicação. Esse é o princípio *pound for pound*.

EPÍLOGO

Havíamos tido um fim de semana incrível, com sete cultos de Páscoa. Neles, a Inspire Church recebeu milhares de pessoas e levou centenas de almas à decisão de aceitar Jesus como Senhor e Salvador. Mais tarde, naquela noite de domingo, enquanto eu estava lavando a louça em casa, minha filha Rebekah, com quatorze anos na época, disse-me: "Pai, você pregou muito bem hoje". Fiz uma breve pausa e lhe respondi: "Querida, não teria como ser diferente. Não conheço nenhum outro pastor que receba mais cobertura de oração e intercessão durante os cultos, além de grande suporte em todos os sentidos, do que sua mãe e eu. Embora eu fique sempre nervoso antes de pregar, não estou surpreso com o que Jesus fez". Ela entendeu exatamente o que eu quis dizer. A Deus seja a glória.

Há muito mais bênçãos celestiais disponíveis a cada um de nós e, na mesma medida, inúmeras pessoas para alcançarmos. Após mais de dezesseis anos de trabalho árduo e consistente, nossa igreja ora para que tudo aquilo que já foi feito seja apenas o começo. Ainda temos de atingir nosso potencial, e lutaremos até o fim por isso.

Plantamos outra igreja no exterior, em Manila; abrimos mais duas congregações nesta ilha de O'ahu, onde estamos localizados; compramos outro prédio e negociamos para adquirirmos dez acres de terra no lado oeste. Já não há mais espaço livre em nosso local de onze mil e poucos metros quadrados no Waikele Shopping Center, e a capacidade de nossos seis cultos nos fins de semana está a ponto de estourar. Alguns anos atrás, compramos um antigo prédio em Mililani, que, em um domingo típico, recebe por volta de oitocentas pessoas.

No momento em que escrevo, estamos negociando uma propriedade em uma cidade chamada Kapolei, a quinze minutos da nossa localização principal em Waikele; acabamos de concluir uma nova reforma do nosso espaço, que agora tem quase dezenove mil metros quadrados. Na Páscoa de 2018, tivemos mais de dez mil e duzentos participantes em vinte e um cultos, e 561 salvações. Agora, estamos em busca de outro local para alavancar tudo o que o Senhor nos concedeu. Esse é o princípio *pound for pound* em ação — fazer o melhor com o que Deus nos entregou.

Não importa qual seja a sua situação atual, espero que este livro o tenha inspirado a olhar para tudo o que possui e investir de volta no Reino de Deus. Use os talentos e dons que Ele confiou a você para ser o melhor em sua "classe de peso". Comece exatamente onde está. Faça o melhor com o que Ele lhe deu, de modo a se tornar a melhor versão de si mesmo nessa temporada.

Você pode desanimar de vez em quando, mas lembre-se de Provérbios 24.15-16: "Não espie a habitação do justo, ó perverso, nem destrua o lugar do seu repouso, porque sete vezes cairá o justo e se levantará;

mas os perversos são derrubados pela calamidade". Busque por uma ou duas boas pessoas para estarem no ringue ao seu lado, levante-se e volte para a luta! O adversário que parece gigante é menor do que você pensa. Continue dando golpes no seu obstáculo, permaneça obediente, e tenha em mente que todas as derrotas, provações e frustrações que você suportou foram a maneira pela qual o Senhor trabalhou sua capacidade e habilidade de lidar exatamente com o que está à sua frente. Por fim, não se esqueça: você nasceu para isso.

Nossas histórias continuam...

REFERÊNCIAS BIBLIOGRÁFICAS

INTRODUÇÃO

CINDERELA. Direção de Wilfred Jackson, Hamilton Luske, Clyde Geronimi. Califórnia: Walt Disney Feature Animation e Walt Disney Pictures, 1950. 1 VHS (75 min).

Julius Everning. Publicado por *Britannica*. Disponível em *https://www.britannica.com/biography/Julius-Erving*. Acesso em outubro de 2022.

OLYMPICS. **Bryan Clay**, 2022. Dsponível em *https://olympics.com/pt/atletas/bryan-clay*. Acesso em outubro de 2022.

RUDY. Direção de David Anspaugh. Califórnia: TriStar Pictures, 1993. 1 VHS (116 min.).

SINGH, Sanjesh. ELBABA, Julia. **What are the best march madness Cinderella teams in NCAA history?** Publicado por *Sports Washington* em 05/04/2022. Disponível em *https://www.nbcsports.com/washington/march-madness/what-are-best-march-madness-cinderella-teams-ncaa-history*. Acesso em outubro de 2022.

UNDERDOG. *In:* DICIONÁRIO Michaelis *on-line* Inglês-Português (Moderno). São Paulo: Melhoramentos, 2022. Disponível em: *https://michaelis.uol.com.br/moderno-ingles/busca/ingles-portugues-moderno/underdog/*. Acesso em: outubro de 2022.

UNDERDOG. *In:* VOCABULARY: Vocabulary, Disponível em *https://www.vocabulary.com/dictionary/underdog#:~:text=This%20*

word%20was%20originally%20used,Underdog%20is%20 here!%22. Acesso em outubro de 2022.

CAPÍTULO 1

Aimee Semple McPherson. Publicado por *The Foursquare Church*. Disponível em *https://www.brazilianfoursquarechurch.com/pt/sobre-aimee-sample-mcpherson/*. Acesso em setembro de 2022

American Football Database, 2022. American Football Positions. Disponível em *https://americanfootballdatabase.fandom.com/wiki/Wide_Receiver*. Acesso em setembro de 2022.

As 5 vantagens de um driving range. Publicado por *Amendoeira Golf Resort*. Disponível em *https://www.amendoeiraresort.com/pt/blog/as-5-vantagens-de-um-driving-range.html*. Acesso em setembro de 2022.

AUGUSTYN, Adam. **Evander Holyfield**. Publicado por *Britannica*. Disponível em *https://www.britannica.com/biography/Evander-Holyfield*. Acesso em setembro de 2022.

Idem. **George Foreman**. Publicado por *Britannica*. Disponível em *https://www.britannica.com/biography/George-Foreman*. Acesso em setembro de 2022.

BEVERE, John. **Extraordinário**: O que você está destinado a viver. Rio de Janeiro: Editora Luz Às Nações, 2010.

DIGGER, Richard; WALTERS, John. **Basquete para leigos**. 3. ed. Rio de Janeiro: Alta Books, 2018.

HAUSER, Thomas. **Muhammad Ali**. Publicado por *Britannica*. Disponível em *https://www.britannica.com/biography/Muhammad-Ali-boxer*. Acesso em setembro de 2022.

JHERI CURL. *In:* DICIONÁRIO Cambridge. Cambridge: Cambridge University Press. Disponível em *https://dictionary.cambridge.org/pt/dicionario/ingles/jheri-curl?q=Jheri+curl*. Acesso em setembro de 2022

LISA BEVERE, 2022. Home Page. Disponível em *https://lisabevere.com/*. Acesso em setembro de 2022.

LOURENÇO, Beatriz; FRANÇA, Bernardo. **Amelia Earhart:** a história da primeira mulher a sobrevoar o Atlântico. Publicado por *Revista Galileu* em 24/07/2020. Disponível em *https://revistagalileu.globo.com/Sociedade/Historia/noticia/2020/07/amelia-earhart-historia-da-primeira-mulher-sobrevoar-o-atlantico.html*. Acesso em setembro de 2022.

Mike Tyson. Publicado por *Britannica*. Disponível em *https://www.britannica.com/biography/Mike-Tyson*. Acesso em setembro de 2022.

NBA G League, 2022. Home Page. Disponível em *https://gleague.nba.com/*. Acesso em setembro de 2022.

NEWMAN, Randy. **Short people**. Intérprete: Randy Newman. *In*: Randy Newman. *Little Criminals*. Nova York: Warner Communications, 1977. 1 vinil, faixa 1 (38 min.).

PARKINSON, Nick. **Rewind:** The story of one of the most famous fights of all time — the "Thrilla in Manila". Publicado por *ESPN* em 01/10/2015. Disponível em *https://www.espn.com/boxing/story/_/id/13784134/rewind-story-ali-vs-frazier-thrilla-manila*. Acesso em setembro de 2022.

SPORTSLIGO, 2022. Pound For Pound. Disponível em *https://www.sportslingo.com/sports-glossary/p/pound-for-pound/*. Acesso em setembro de 2022.

CAPÍTULO 2

HYBELS, Bill. **Axiom**: powerful leadership proverbs. Grand Rapids: Zondervan, 2008.

Idem. **Axiomas**: máximas da liderança corajosa. São Paulo: Editora Vida, 2009.

INSPIRE CHURCH. Inspire Church, 2022. **About**. Disponível em *https://www.inspirechurch.live/about/*. Acesso em setembro de 2022.

KISLANSKY, Kiko. **Você sofre de "paralisia por análise"?** Publicado por *Líder Academy* em 17/03/2022. Disponível em *https://lider.academy/blog/voce-sofre-de-paralisia-por-analise*. Acesso em setembro de 2022.

VERONESI, Gabriel; SASSO, Leonardo; SUAIDE, Pedro. **Draft da NBA para iniciantes**: em 10 perguntas, respondemos tudo o que você precisa saber sobre a "noite dos sonhos". Publicado por *ESPN* em 19/06/2019. Disponível em *https://www.espn.com.br/nba/artigo/_/id/5746647/draft-da-nba-para-iniciantes-em-10-perguntas-respondemos-tudo-o-que-voce-precisa-entender-sobre-a-noite-dos-sonhos*. Acesso em setembro de 2022.

WALL Street: poder e cobiça. Direção de Oliver Stone. Los Angeles: 20th Century Fox Film Corporation, 1987. 1 VHS (126 min.).

CAPÍTULO 3

BARONI, Arethusa; CABRAL, Flávia K. K.; CARVALHO, Laura R. **Família recomposta e/ou reconstruída**. Publicado por *Direito Familiar*. Disponível em *https://direitofamiliar.jusbrasil.com.br/artigos/804665651/familia-recomposta-e-ou-reconstruida*. Acesso em setembro de 2022.

COROINHA. *In:* DICIONÁRIO Michaelis *on-line*. São Paulo: Melhoramentos, 2022. Disponível em *https://michaelis.uol.com.br/moderno-portugues/busca/portugues-brasileiro/coroinha/*. Acesso em setembro de 2022.

CUTMAN. *In:* CORREIA, Davi. **Glossário**. Publicado por *Veja* em 15/12/2010. Disponível em *https://veja.abril.com.br/esporte/glossario/*. Acesso em setembro de 2022.

JACK HAYFORD MINISTRIES. **About Jack Hayford**, 2020. Disponível em *https://www.jackhayford.org/about/*. Acesso em setembro de 2022.

MICROCLIMA. *In:* **Glossário – ProjetEEE**. Disponível em *http://www.mme.gov.br/projeteee/glossario/?letra=M*. Acesso em setembro de 2022.

O que é a Crisma? Publicado por *CNBB Regional Nordeste 4* em 09/09/2016. Disponível em *https://cnbbne4.org.br/o-que-e-a-crisma/*. Acesso em setembro de 2022.

UPPERCUT. *In*: DICIONÁRIO Britannica. Chicago: Encyclopedia Britannica, 2022. Disponível em *https://www.britannica.com/dictionary/uppercut*. Acesso em setembro de 2022.

CAPÍTULO 4

BADLEY, Harold W. **Andrew Jackson.** Publicado por *Britannica*. Disponível em *https://www.britannica.com/biography/Andrew-Jackson/Jacksons-influence*. Acesso em de setembro de 2022.

BAQASH [01245]. *In:* DICIONÁRIO bíblico Strong. Barueri: Sociedade Bíblica do Brasil, 2002.

Idem. **Cartas de um diabo a seu aprendiz.** São Paulo: Thomas Nelson Brasil, 2017.

DECONDE, Alexander. **Alexander Hamilton.** Publicado por *Britannica*. Disponível em *https://www.britannica.com/biography/Alexander-Hamilton-United-States-statesman*. Acesso em setembro de 2022.

DIDOMI [1325] *In:* DICIONÁRIO bíblico Strong. Barueri: Sociedade Bíblica do Brasil, 2002.

DUIGNAN, Brian. **Donald Trump**. Publicado por *Britannica*. Disponível em *https://www.britannica.com/biography/Donald-Trump/Presidential-election-of-2016*. Acesso em setembro de 2022.

Great Depression. Publicado por *Britannica*. Disponível em *https://www.britannica.com/event/Great-Depression*. Acesso em setembro de 2022.

LEWIS, C. S. **The screwtape letters**. Nova York: Touchstone, 1943.

PERISSOTEROS [4056]. *In:* DICIONÁRIO bíblico Strong. Barueri: Sociedade Bíblica do Brasil, 2002

POLUS [4183]. *Ibidem.*

Shirley Temple. Publicado por *Britannica*. Disponível em *https://www.britannica.com/biography/Shirley-Temple*. Acesso em setembro de 2022.

SOAPBOX. *In:* DICTIONARY Cambridge. Cambridge: Cambridge University Press, 2022.

WHITING, Richard A. **Hooray for Hollywood**. Intérprete: Boston Pops Orchestra; John Williams. *In*: *Salute To Hollywood*. Hilversum: Universal International Music B.V., 1989. 1 álbum, faixa 1 (61 min.).

William Temple. Publicado por *Britannica*. Disponível em *https://www.britannica.com/biography/William-Temple*. Acesso em setembro de 2022.

CAPÍTULO 5

Geyser. Publicado por *Britannica*. Disponível em *https://www.britannica.com/science/geyser*. Acesso em setembro de 2022.

PISTOS [4103] *In:* DICIONÁRIO bíblico Strong. Barueri: Sociedade Bíblica do Brasil, 2002.

OPERATION WORLD. **Pray for:** Japan, 2022. Disponível em *https://operationworld.org/locations/japan/*. Acesso em setembro de 2022.

CAPÍTULO 6

BERGEN, Peter L. **September 11 attacks**. Publicado por *Britannica*. Disponível em *https://www.britannica.com/event/September-11-attacks*. Acesso em setembro de 2022.

Challenger disaster. Publicado por *Britannica*. Disponível em *https://www.britannica.com/event/Challenger-disaster#ref1096607*. Acesso em setembro de 2022.

HARBAUGH, Jennifer. **Space launch system Solid Rocket Booster**. Publicado por *National Aeronautics and Space Administration* em 11/02/2005. Disponível em *https://www.nasa.gov/exploration/systems/sls/fs/solid-rocket-booster.html*. Acesso em setembro de 2022.

HAWAII ARCHIVES. **Honolulu Star-Bulletin Special Edition**, 2003. Disponível em *http://archives.starbulletin.com/2003/09/28/special/story4.html*. Acesso em setembro de 2022.

MANCHESTER, William. **John F. Kennedy**. Publicado por *Britannica*. Disponível em *https://www.britannica.com/biography/John-F-Kennedy/Congressman-and-senator*. Acesso em setembro de 2022.

NUNES, José Horta. **Cidade-dormitório**. Disponível em *https://www.labeurb.unicamp.br/endici/index.php?r=verbete%2Fview&id=242*. Acesso em setembro de 2022.

SOLID ROCKET BOOSTER. *In*: DICTIONARY Collins. Glasgow: Collins, 2022. Disponível em *https://www.collinsdictionary.com/pt/dictionary/english/solid-rocket-booster*. Acesso em setembro de 2022.

Space shuttle propulsion systems. Publicado por *National Aeronautics and Space Administration* em 28/04/2005. Disponível em https://www.nasa.gov/sites/default/files/174533main_shuttle_propulsion.pdf. Acesso em setembro de 2022.

CAPÍTULO 7

Flash Gordon. Publicado por *Britannica*. Disponível em https://www.britannica.com/topic/Flash-Gordon-fictional-character. Acesso em setembro de 2022.

Harry Houdini. Publicado por *Britannica*. Disponível em https://www.britannica.com/biography/Harry-Houdini. Acesso em setembro de 2022.

MEDIOCRE. *In*: DICTIONARY Merriam-Webster *on-line*. Springfield: Merriam-Webster, 2022. Disponível em https://www.merriam-webster.com/dictionary/mediocre. Acesso em setembro de 2022.

NAIA — National Association of Intercollegiate Athletics. **About us**, 2022. Disponível em https://www.naia.org/about/about-us. Acesso em setembro de 2022.

CAPÍTULO 8

BOSTON CELTICS VIRTUAL VAULT. **Introducing lucky the leprechaun**, 2022. Disponível em https://www.bostoncelticshistory.com/item/introducing-lucky-the-leprechaun/. Acesso em setembro de 2022.

BOSTON CELTICS VIRTUAL VAULT. **About Celtics Heritage:** Awards, 2022. Disponível em *https://www.bostoncelticshistory.com/awards/*. Acesso em setembro de 2022.

CATANDI, Flávio. **A história do Boston Garden.** Publicado por *Celtics Brasil* em 29/09/2015. Disponível em *https://celticsbrasil.com.br/a-historia-do-boston-garden/*. Acesso em setembro de 2022.

ESPRIT DE CORPS. *In*: DICTIONARY. Cambridge. Cambridge: Cambridge University Press, 2022. Disponível em *https://dictionary.cambridge.org/dictionary/english/esprit-de-corps*. Acesso em setembro de 2022.

NCAA. **Men's basketball:** championship history, 2022. Disponível em *https://www.ncaa.com/history/basketball-men/d1*. Acesso em setembro de 2022.

YWAM. **Quem somos**, 2022. Disponível em *https://ywam.org/quem-somos?lang=pt-br*. Acesso em setembro de 2022.

CAPÍTULO 9

CHARIS [5485] *In:* DICIONÁRIO bíblico Strong. Barueri: Sociedade Bíblica do Brasil, 2002.

CORE. *In*: DICTIONARY Cambridge. Cambridge: Cambridge University Press, 2022. Disponível em *https://dictionary.cambridge.org/us/dictionary/english-portuguese/core*. Acesso em setembro de 2022.

Fu Manchu. Publicado por *Britannica*. Disponível em *https://www.britannica.com/topic/Fu-Manchu*. Acesso em setembro de 2022.

FU MANCHU MUSTACHE. *In:* DICTIONARY Merriam-Webster. Springfield: Merriam-Webster, 2022. Disponível em *https://www.merriam-webster.com/dictionary/Fu%20Manchu%20mustache*. Acesso em setembro de 2022.

LIVRO-RAZÃO *In*: DICIONÁRIO Michaelis on-line. São Paulo: Melhoramentos, 2022. Disponível em *https://michaelis.uol.com.br/busca?r=0&f=0&t=0&palavra=livro-raz%C3%A3o*. Acesso em setembro de 2022.

MONTGOMERY, John Warwick. CT Studd. **Evangelical quarterly:** an international review of Bible and Theology, Londres, v. 85, n. 2, p. 135-149, abr. 2013. Disponível em *https://doi.org/10.1163/27725472-08502004*. Acesso em setembro de 2022.

CAPÍTULO 10

BUWZ [0936]. *In:* DICIONÁRIO bíblico Strong. Barueri: Sociedade Bíblica do Brasil, 2002.

ETHOS [1485]. *Ibidem.*

NABAL [05037]. *Ibidem.*

RHEMA [4487]. *Ibidem.*

Second Great Awakening. Publicado por *Britannica*. Disponível em *https://www.britannica.com/topic/Second-Great-Awakening*. Acesso em outubro de 2022.

SWINDOLL, Charles R. **Fascinating stories of forgotten lives**. Nashville: Word Publishing, 2005.

Idem. **Vidas incríveis**: histórias fascinantes sobre vidas esquecidas. São Paulo: Editora Ágape, 2013.

WILKISON, Bruce. **The prayer of Jabez**. Colorado Springs: Multnomah Publishers, 2000.

Idem. **A oração de Jabez**. São Paulo: Editora Mundo Cristão, 2001.

CAPÍTULO 11

HYBELS, Bill. **Holy discontent**: fueling the fire that ignites personal vision. Grand Rapids: Zondervan, 2007.

Idem. **Descontentamento santo**: frustrações que impulsionam a mudança de vida. São Paulo: Editora Vida, 2009.

MCPHERSON, Miles. **Do something**: make your life count. Grand Rapids: Baker Books, 2009.

Idem. **Faça alguma coisa**: faça sua vida valer a pena. São Paulo: Editora Porto de Ideias, 2011.

PLETCHER, Kenneth. **Dead Sea**. Publicado por *Britannica* em 21/01/2016. Disponível em *https://www.britannica.com/place/Dead-Sea/Climate-and-hydrology*. Acesso em outubro de 2022.

CAPÍTULO 12

AUGUSTYN, Adam. **Bruce Lee**. Publicado por *Britannica*. Disponível em *https://www.britannica.com/biography/Bruce-Lee*. Acesso em outubro de 2022.

HÍBRIDO. *In:* DICIONÁRIO Michaelis *on-line*. São Paulo: Melhoramentos, 2022. Disponível em *https://michaelis.uol.com.br/busca?id=G9zYR*. Acesso em outubro de 2022.

Hula. Publicado por *Britannica*. Disponível em *https://www.britannica.com/art/hula*. Acesso em outubro de 2022.

INCREMENTAL GROWTH. *In*: DICTIONARY Legal Definitions. Califórnia: Law Insider, 2022. Disponível em *https://www.lawinsider.com/dictionary/incremental-growth#:~:text=Incremental%20Growth%20means%20a%20gradual,year%20within%20the%20annexed%20area*. Acesso em outubro de 2022.

Luciano Pavarotti. Publicado por *Britannica*. Disponível em *https://www.britannica.com/biography/Luciano-Pavarotti*. Acesso em outubro de 2022.

O homem elefante. Direção de David Lynch. Culver City: Brooksfilms, 1980. 1 VHS (124 min).

O Ursinho Pooh. Direção de Stephen J. Anderson e Don Hall. Califórnia: Walt Disney Animation Studios, 2011. 1 DVD (63 min).

PESCARA, Jorge. **Manual do groove:** o contrabaixo completo. São Paulo: Editora Irmãos Vitale, 2008.

RUIBAL, Sal. **Tiny Hawai'i Looms as giant in football world**. Publicado por *USA Today* em 11/09/2004. Disponível em *http://www.usatoday.com/sports/football/2004-11-09-hawaii-football_x.htm*. Acesso em outubro de 2022.

CAPÍTULO 13

ACRÓSTICO. *In*: DICIONÁRIO Michaelis *on-line*. São Paulo: Melhoramentos, 2022. Disponível em *https://michaelis.uol.com.br/busca?id=vAN4*. Acesso em outubro de 2022.

AMERICAN PARTY. *In*: DICTIONARY Collins. Nova York: HarperCollins, 2022. Disponível em *https://www.collinsdictionary.com/pt/dictionary/english/american-party*. Acesso em outubro de 2022.

SHAVOUT. Publicado por *Britannica*. Disponível em *https://www.britannica.com/topic/Shavuot*. Acesso em outubro de 2022.

SMÖRGÅSBORD. *In*: Cambridge DICTIONARY. Cambridge: Cambridge University Press, 2022. Disponível em *https://dictionary.cambridge.org/pt/dicionario/ingles/smorgasbord*. Acesso em outubro de 2022.

CAPÍTULO 14

MCPHERSON, Miles. **Do something:** make your life count. Grand Rapids: Baker Books, 2009.

Idem. **Faça alguma coisa:** faça sua vida valer a pena. São Paulo: Editora Porto de Ideias, 2011.

MOMENTUM. *In*: Dicionário Latino-Português Ernesto Faria. São João da Boa Vista: Fae, 1988. Disponível em *https://www.dicionariolatino.com/?#*. Acesso em outubro de 2022.

Pearl Harbor. Publicado por *Britannica*. Disponível em *https://www.britannica.com/topic/Pearl-Harbor*. Acesso em outubro de 2022.

CAPÍTULO 15

COMBINED LEASES. *In*: DICTIONARY Legal Definitions. Califórnia: Law Insider, 2022. Disponível em *https://www.lawinsider.com/dictionary/combined-leases*. Acesso em outubro de 2022.

DUIGNAN, Brian. **Financial Crisis of 2007-2008**. Publicado por *Britannica*. Disponível em *https://www.britannica.com/event/financial-crisis-of-2007-2008/Effects-and-aftermath-of-the-crisis*. Acesso em outubro de 2022.

Fort Knox. Publicado por *Britannica*. Disponível em *https://www.britannica.com/topic/Fort-Knox*. Acesso em outubro de 2022.

WALKER, Tommy. **Speak to me**. Intérprete: Tommy Walker. *In*: Tommy Walker. *I Have a Hope*. Califórnia: Maranatha! Music, 2008. 1 álbum, faixa 5 (48 min).

CAPÍTULO 16

HYBELS, Bill. **The DNA of effective leadership**. Publicado por *Christian Today* em 21/04/2008. Disponível em *http://www.christiantoday.com/article/bill.hybels.the.dna.of.effective.leadership/18203.htm*. Acesso em outubro de 2022.

KAI, Lisa. **Perfectly you**: get set free from insecurity and become exactly who God created you to be. Tulsa: Emerge Publishing, 2017.

Este livro foi produzido em Adobe Garamond Pro 12 e
impresso pela Gráfica Promove sobre papel Pólen Natural
70g para a Editora Quatro Ventos em dezembro de 2022.